职业教育新形态旅游类专业系列教材
浙江省高职院校"十四五"重点立项建设教材

康养旅游基础

◎主　编　杨奇美
◎副主编　赵娟娟
◎主　审　王艳平

电子工业出版社
Publishing House of Electronics Industry
北京·BEIJING

内 容 简 介

本书以"项目+任务"的形式,深入剖析行业应用领域的岗位工作流程及任务要求,提取典型工作任务,将工作标准项目化、工作内容任务化,教材主要内容包括以心理健康与旅游、环境与健康、运动与健康、营养与健康为健康旅游的理论基础体系,康养旅游的历史发展、概念、作用、研究对象、研究方法等,依托资源型的健康旅游专项,介绍了森林康养旅游、温泉康养旅游、园艺康养旅游、海洋康养旅游,同时引入中医康养旅游、医疗旅游、养老旅游。

本书可作为职业院校康养类和旅游类专业的教材,也可作为相关培训机构的培训教材,还可作为高校研究机构学者、旅游和康养企业经营管理者的参考用书。

未经许可,不得以任何方式复制或抄袭本书之部分或全部内容。
版权所有,侵权必究。

图书在版编目(CIP)数据

康养旅游基础 / 杨奇美主编. -- 北京 : 电子工业出版社, 2024. 11. -- ISBN 978-7-121-49329-4

Ⅰ. F590.3

中国国家版本馆 CIP 数据核字第 2024WR9714 号

责任编辑:王志宇
印　　刷:三河市龙林印务有限公司
装　　订:三河市龙林印务有限公司
出版发行:电子工业出版社
　　　　　北京市海淀区万寿路 173 信箱　邮编　100036
开　　本:787×1 092　1/16　印张:10.75　字数:275.2 千字
版　　次:2024 年 11 月第 1 版
印　　次:2025 年 8 月第 2 次印刷
定　　价:45.00 元

凡所购买电子工业出版社图书有缺损问题,请向购买书店调换。若书店售缺,请与本社发行部联系,联系及邮购电话:(010)88254888,88258888。
质量投诉请发邮件至 zlts@phei.com.cn,盗版侵权举报请发邮件至 dbqq@phei.com.cn。
本书咨询联系方式:(010)88254523,wangzy@phei.com.cn。

PREFACE 前言

随着全球健康意识的不断提升，康养旅游作为一种新兴的旅游模式，逐渐成为旅游业发展的重要方向。我国政府高度重视康养旅游的发展，将其视为推动健康中国战略和乡村振兴战略的重要途径。从"十三五"规划到"十四五"规划，国家陆续出台了一系列政策，旨在促进康养旅游产业的健康发展。2016 年 10 月，中共中央、国务院印发了《"健康中国 2030"规划纲要》，提出积极促进健康与旅游融合，催生健康新产业、新业态、新模式，制定健康医疗旅游行业标准、规范。2016 年 1 月，国家旅游局（现中华人民共和国文化和旅游部）发布的《国家康养旅游示范基地》（LB/T 051—2016）行业标准，明确了康养旅游的概念与康养旅游示范基地的建设与服务标准。2016 年 8 月，国家旅游局、国家中医药管理局联合开展国家中医药健康旅游示范区（基地、项目）创建工作。2017 年 5 月，国家卫生计生委、国家发展改革委、财政部、国家旅游局、国家中医局联合印发《关于促进健康旅游发展的指导意见》，提出满足群众多层次、个性化健康服务和旅游需求，到 2030 年，基本建立比较完善的健康旅游服务体系。2019 年 3 月，国家林业和草原局、民政部、国家卫生健康委、国家中医药局发布《关于促进森林康养产业发展的意见》，部署优化森林康养环境、完善森林康养基础设施、丰富森林康养产品、建设森林康养基地、繁荣森林康养文化和提高森林康养服务水平的六项主要任务。2021 年 4 月，文化和旅游部发布《"十四五"文化和旅游发展规划》。从政策层面来看，健康旅游这一融合性产业，受到前所未有的重视。这些政策的出台也为康养旅游产业的发展提供了有力的支持和保障。

康养旅游是指通过养颜健体、营养膳食、修心养性、关爱环境等各种手段，使人在身体、心智和精神上都达到自然和谐的优良状态的各种旅游活动的总和。全球康养研究院（Global Wellness Institute，GWI）发布最新《全球康养经济监测报告 2023 版》（2023 Global Wellness Economy Monitor）称，后疫情时代的康养市场呈激增趋势，自 2020 年以来的年增长率达到 12%，创历史新高，预计到 2027 年，将继续增长 52%。在国外，康养旅游起步较早，已形成了较为成熟的市场和产业体系。许多国家依托其独特的自然资源、医疗技术和文化底蕴，发展出了各具特色的康养旅游产品。而在国内，康养旅游虽然起步较晚，但发展迅速。随着国家对健康产业和旅游业的重视不断提高，康养旅游逐渐成为热点领域。

各地纷纷依托自身的资源优势，打造了一批具有地方特色的康养旅游目的地。但总体上我国康养旅游产业的发展尚处于起步阶段，产业之间融合不够，高附加值服务较少，完整的产业链尚未形成。虽然各地开展了很多探索和创新，但在政策层面尚缺乏统一规划和顶层设计，也缺乏成熟的模式和经验，需要国家出台系列政策予以推动、规范和引导，确保康养旅游产业的有序发展。

追求健康是人类永恒的目标，是人类开展旅游活动最主要的动机之一。一方面，随着老龄化社会的到来，老年人口数量不断增加，他们对健康、休闲、养生的需求日益增长，为康养旅游提供了庞大的市场需求。另一方面，人们对生活质量的要求不断提高，对旅游的需求也从单纯的观光游览向休闲养生、健康体验等多元化方向发展，这为康养旅游提供了广阔的发展空间和市场潜力。尽管国内健康产业和旅游产业都在康养旅游方面做了尝试，理论研究也逐渐发展起来，但是针对健康旅游进行系统性研究和构建理论体系的书并不多；虽然目前已经出版了一些关于健康旅游、康养旅游的书籍，但以"项目学习"为编写理念的新形态教材还很少。

本书在继承前人研究的基础上，从康养旅游的内涵、特点、构成要素、健康与旅游的关系、旅游急救及各类康养旅游项目入手，构建了适合学生学习、机构培训和经营管理者通读的理论体系。全书采用项目化教学的编排方式，以具体案例为引导，以任务模块为架构，在内容的选取和编写上遵循通俗易懂、简洁明快的原则，努力做到去繁化简、深入浅出。本书可作为职业院校康养类和旅游类专业的教材，也可作为相关培训机构的培训教材，还可作为高校研究机构学者、旅游和康养企业经营管理者的参考用书。

本书分为九个项目：项目一是健康与旅游；项目二是康养旅游认知；项目三是森林康养旅游；项目四是温泉疗养旅游；项目五是园艺康养旅游；项目六是海洋康养旅游；项目七是中医康养旅游；项目八是医疗旅游；项目九是养老旅游。

本书由多位从事旅游和健康管理研究的资深教师共同编写完成：第一章和第六章由杨奇美老师执笔；第二章和第八章由王思思老师执笔；第三章和第五章由赵娟娟老师执笔；第四章由夏瑶英老师执笔；第七章由丁璟琳老师执笔；第九章由王芳老师执笔；最后由杨奇美老师和赵娟娟老师负责统稿审核；虞燕芬老师、姜波老师也参与了教材的部分编写工作。本书由王艳平教授主审。

本书在编写过程中突出以下四个特点。一是更加注重跨学科融合。康养旅游涉及旅游学、医学、心理学等多个学科领域的知识，需要注重多学科之间的融合和交叉。二是更加注重实践性和创新性。随着康养旅游产业的不断发展，新的业态和模式不断涌现，需要注重对这些新业态和模式的介绍和探讨。三是更加注重国际化和本土化相结合。康养旅游是一个全球化的产业，在注重与国际接轨的同时，也要结合中国国情和地域特色进行本土化改造。四是更加注重对学生实践能力的培养。在教材编写的方式上，采用项目化教学方式进行重构和设计，并将工作标准项目化、工作内容任务化，注重对学生实践能力的培养。本书旨在为读者提供全面、系统的康养旅游知识，帮助大家深入了解康养旅游的内涵、发展现状及未来趋势。希望通过本书的学习，读者能够掌握康养旅游的基本知识和技能，为未来的职业发展打下坚实的基础。

  本书在编写过程中，得到许多专家、学者的指导，在此表示深深的谢意。一并感谢所有参与编写的教师，是你们的辛勤付出，才有本书的面世之日。本书借鉴了国内外专家、学者的理论研究成果，笔者在此表示崇高的敬意和诚挚的感谢！由于康养旅游在国内的研究起步较晚，理论和实践都需要不断总结，加上笔者知识结构的局限，书中难免有疏漏之处，真诚希望各位专家、学者批评指正，不吝赐教。

杨奇美

CONTENTS 目　录

项目一　健康与旅游 ···1

　　任务一　健康概述 ··2
　　　　一、健康的概念与内涵 ···3
　　　　二、健康的影响因素 ···5
　　任务二　健康与旅游的融合 ··15
　　　　一、旅游六要素与健康 ···16
　　　　二、旅游健康风险 ···18

项目二　康养旅游认知 ···24

　　任务一　康养旅游的发展历程 ··25
　　　　一、国外康养旅游的发展 ···26
　　　　二、国内康养旅游的发展 ···26
　　任务二　康养旅游概述 ··27
　　　　一、康养旅游的概念 ···28
　　　　二、康养旅游的特点 ···29
　　　　三、康养旅游的作用 ···31
　　任务三　康养旅游的构成要素 ··32
　　　　一、康养旅游者 ···33
　　　　二、康养旅游资源 ···35
　　　　三、康养旅游产品 ···35
　　　　四、康养旅游效果 ···37

项目三　森林康养旅游 ···40

　　任务一　森林康养旅游概述 ··41
　　　　一、森林康养旅游的概念 ···42
　　　　二、森林康养旅游的形成与发展 ···42

三、森林康养旅游资源的类型 …………………………………… 43
  任务二　森林康养旅游的健康效应 ………………………………… 45
　　一、空气中的负离子的生理心理效应 …………………………… 46
　　二、植物精气与植物精油的生理心理效应 ……………………… 47
　　三、森林景观的生理心理效应 …………………………………… 47
　　四、森林浴的生理心理效应 ……………………………………… 48
  任务三　森林康养旅游产品 ………………………………………… 49
　　一、老年医疗产品 ………………………………………………… 49
　　二、宗教文化养生产品 …………………………………………… 50
　　三、民俗文化养生 ………………………………………………… 50
　　四、山岳峡谷养生 ………………………………………………… 50
　　五、山泉养生 ……………………………………………………… 50
　　六、气象气候养生 ………………………………………………… 51
　　七、洞穴养生 ……………………………………………………… 51

项目四　温泉康养旅游 …………………………………………………… 53
  任务一　温泉康养旅游概述 ………………………………………… 54
　　一、温泉康养旅游的形成与发展 ………………………………… 55
　　二、温泉康养旅游的概念及内涵 ………………………………… 57
　　三、温泉康养旅游的特点 ………………………………………… 58
  任务二　温泉康养旅游的健康效应 ………………………………… 59
　　一、温泉康养旅游的健康功效 …………………………………… 60
　　二、温泉的基本类型与健康效益 ………………………………… 62
  任务三　温泉康养旅游产品 ………………………………………… 72
　　一、温泉康养旅游产品的设计与开发 …………………………… 72
　　二、温泉康养旅游产品的构成要素 ……………………………… 74
　　三、温泉康养旅游产品的类型 …………………………………… 74

项目五　园艺康养旅游 …………………………………………………… 83
  任务一　园艺康养旅游概述 ………………………………………… 84
　　一、园艺养生 ……………………………………………………… 85
　　二、园艺疗法 ……………………………………………………… 85
　　三、园艺康养旅游的形成与发展 ………………………………… 86

任务二　园艺康养旅游的健康效应 ……………………………………………………… 87
　　　　一、园艺疗法操作的主要方面 …………………………………………………… 88
　　　　二、园艺康养旅游的健康效应 …………………………………………………… 89
　　任务三　园艺康养旅游产品 …………………………………………………………… 91
　　　　一、园艺康养旅游的作用机制 …………………………………………………… 91
　　　　二、园艺康养旅游产品开发 ……………………………………………………… 98

项目六　海洋康养旅游 …………………………………………………………………… 102
　　任务一　海洋康养旅游概述 …………………………………………………………… 103
　　　　一、海洋康养旅游的发展现状 …………………………………………………… 103
　　　　二、海洋旅游与海洋康养旅游 …………………………………………………… 104
　　　　三、海洋康养旅游的特点 ………………………………………………………… 104
　　任务二　海洋康养旅游的健康效应 …………………………………………………… 105
　　　　一、"3S"旅游与健康 …………………………………………………………… 106
　　　　二、海洋环境与健康 ……………………………………………………………… 106
　　　　三、海洋食品与健康 ……………………………………………………………… 107
　　　　四、海洋运动与健康 ……………………………………………………………… 107
　　任务三　海洋康养旅游产品 …………………………………………………………… 108
　　　　一、海洋运动旅游产品 …………………………………………………………… 108
　　　　二、海洋康体休闲旅游产品 ……………………………………………………… 110
　　　　三、滨海疗养旅游产品 …………………………………………………………… 110

项目七　中医康养旅游 …………………………………………………………………… 115
　　任务一　中医康养旅游概述 …………………………………………………………… 116
　　　　一、中医康养旅游的形成与发展 ………………………………………………… 117
　　　　二、中医康养旅游的概念与特点 ………………………………………………… 117
　　任务二　中医康养旅游资源及产品 …………………………………………………… 119
　　　　一、中医康养旅游资源 …………………………………………………………… 119
　　　　二、中医康养旅游产品 …………………………………………………………… 122
　　任务三　中医康养旅游产品 …………………………………………………………… 123
　　　　一、中医康养旅游产品的设计原则 ……………………………………………… 123
　　　　二、中医康养旅游产品的设计与开发 …………………………………………… 123

项目八 医疗旅游 134

任务一 医疗旅游概述 135
一、医疗旅游的形成与发展 136
二、医疗旅游的概念与特点 138

任务二 医疗旅游产品类型 141
一、以传统医学为主的旅游产品 141
二、以现代医学为主的旅游产品 143
三、以康体疗养为主的旅游产品 144

任务三 医疗旅游的开发与管理 145
一、医疗旅游的开发 146
二、医疗旅游服务与管理 148

项目九 养老旅游 152

任务一 养老旅游的形成与发展 154
一、养老旅游的形成 154
二、养老旅游的发展 155

任务二 养老旅游的概念及特点 156
一、养老旅游的概念 157
二、养老旅游的特征 158

任务三 养老旅游产品 159
一、观光休闲型养老旅游 160
二、保健疗养型养老旅游 160

项目一

健康与旅游

项目导读

随着物质生活水平的提高,人们对"健康、幸福、长寿"的愿望越来越强烈。然而,简单的养生已经不能满足人们对高品质生活的追求。2016年10月,中共中央、国务院印发《"健康中国2030"规划纲要》,"健康中国"上升为国家战略。同时,亚健康和慢性疾病的威胁愈发严重,人们开始更加关注健康,不再满足吃饱穿暖,而是越来越注重生活品质,健康与旅游需求之间的联系愈发紧密。健康旅游作为旅游业和健康产业的融合,即将步入一个全新的时代并迎来发展的黄金时期。旅游成为健康促进和健康维护的重要手段,要大力发展健康旅游,就有必要对健康的概念、标准和相关影响因素进行系统学习。

本项目通过对健康的概念、旅游的概念及康养旅游融合发展渊源的梳理,旨在让读者理解康养旅游融合发展是当前时代发展的必然趋势。

思维导图

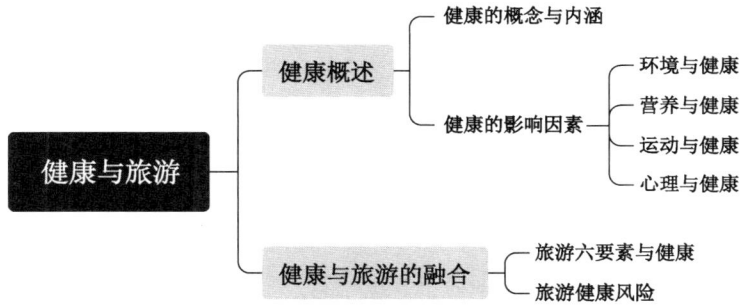

康养旅游基础

案例导入

我国的旅游业是第三产业中的支柱产业之一,旅游业涵盖了景区、客运、餐饮、住宿、文旅表演、旅游工艺品销售等多个产业。根据2020年2月28日国家统计局公布的数据:2019年全年国内游客60.1亿人次,比上年增长8.4%;国内旅游收入57 251亿元,增长11.7%。入境游客14 531万人次,增长2.9%。其中,外国人3 188万人次,增长4.4%;香港、澳门和台湾同胞11 342万人次,增长2.5%。在入境游客中,过夜游客6 573万人次,增长4.5%。国际旅游收入1 313亿美元,增长3.3%。国内居民出境16 921万人次,增长4.5%。其中因私出境16 211万人次,增长4.6%;赴港澳台出境10 237万人次,增长3.2%。根据文化和旅游部公布的官方数据,全国有3.9万家旅行社,吸纳就业人员超过2 600万人。

在新冠病毒感染疫情发生后的一月末到二月份,整个旅游产业链停摆,资源、渠道、服务、销售端无一幸免,这段时间旅游业收入几乎归零。2020年1月26日,文旅部办公厅发布《关于全力做好新型冠状病毒感染和肺炎疫情防控工作,暂停旅游企业经营活动的紧急通知》,当日起,全国所有旅行社及旅游企业,暂停旅游经营和旅游产品,由此,旅游业开始从近年来高速稳定发展急转直下。针对疫情对旅游业的影响,中国旅游研究院表明,根据文化和旅游部数据中心综合测算,2019年春节假期,全国旅游接待总人数4.15亿人次,同比增长7.6%。2019年春节档仅旅游一项收入5 139亿元,零售餐饮等营收额达10 050亿元。反观2020年,全年旅游总收入负增长达到19.5%~29.5%。

请思考:在新冠病毒感染疫情下,旅游业如何自救?

任务一 健康概述

任务目标

1. 认识现代医学模式下的健康衡量指标及评价标准。
2. 了解影响健康的主要因素。
3. 探讨环境、营养、运动、心理与健康的关系。

任务分析

健康一直以来都是人们关注的话题，正所谓"健康是 1，事业、家庭、名誉、财富等是 1 后面的 0，人生圆满全系于 1 的稳固"。健康虽然不是人生的全部，但没有健康就没有一切。1986 年，世界卫生组织（WHO）在《渥太华宪章》中提出"应将健康看作是日常生活的资源"，也就是说，必须先有健康，才能更好地工作、生活。作为人生最宝贵的财富，健康是人生幸福的重要基石。健康不仅是促进人的全面发展的必然要求，也是经济社会发展的基础条件，是民族昌盛和国家富强的重要标志，也是广大人民群众的共同追求。WHO 在《世界卫生组织组织法》中明确提出"健康是人类的一项基本权利，各国政府应对其人民的健康负责"。

本任务着重从现代医学模式的健康观念出发，从环境、营养、运动、心理等方面，分析影响人类健康的主要影响因素，是研究健康与旅游融合发展渊源的基础。

任务操作

随着经济社会的发展，生态环境的破坏程度日益加剧，以及不良的生活方式，对人们的身心健康产生了极大的影响，慢性疾病呈井喷式爆发，而有限的医疗资源难以满足人民对健康的需求，为了解决这一矛盾，国家提出将"以预防疾病为主"作为医疗卫生工作的重点，倡导全民大健康。2016 年 8 月 19 日至 20 日，全国卫生与健康大会在北京召开，习近平总书记出席会议并提出要把人民健康放在优先发展的战略地位，明确提出"没有全民健康就没有全面小康"。2016 年 10 月，中共中央、国务院印发《"健康中国 2030"规划纲要》，将"健康中国"上升为国家战略，并指出要从广泛的健康影响因素入手，以普及健康生活、优化健康服务、完善健康保障、建设健康环境、发展健康产业为重点，加快推进健康中国建设。

一、健康的概念与内涵

医学模式从自古至今经历了神灵主义医学模式、自然哲学医学模式、机械论医学模式、生物医学模式、生物—心理—社会医学模式。医学模式的转变过程，也是人们对健康的看法即健康观的演变过程。

根据传统的生物医学模式，一般认为"无病就是健康"，该定义的缺陷是忽视了人的社会属性和复杂的心理活动。而根据"生物—心理—社会"的现代医学模式，WHO 于 1948 年在《世界卫生组织宪章》中提出的健康定义是"健康不仅是没有疾病或虚弱，而且包括身体上、精神上和社会适应方面的完好状态"。躯体健康即生理健康，是指机体结构完好和功能正常。心理健康的含义有正确认识自我、正确认识环境和及时适应环境三个方面。社会适应能力也包括三个方面：个人的能力应在社会系统内得到充分的发挥；应有效地扮演与其身份相应的角色；个人的行为与社会规范相一致。这一健康观的积极意义在于更全面地考虑到人们的生物、心理与社会因素对健康和疾病的作用。

1990年，WHO将健康的定义内涵扩大到"躯体健康、心理健康、社会适应良好、道德健康"四个维度，该定义是目前对健康较为完整的表述。道德维度的纳入，意味着健康不仅涉及人的体能方面，也涉及精神层面，即将道德修养作为精神健康的内涵，其内容包括：健康者不以损害他人的利益来满足自己的需要，具有辨别真与伪、善与恶、美与丑、荣与辱等是非观念，能按照社会行为的规范准则来约束自己及支配自己的思想和行为。

随着健康观念的转变，人们对健康的需求和评价标准也随之不断更新和拓展。

知识拓展

【知识拓展1】WHO关于人体健康的十项具体衡量指标：

① 精力充沛，能从容不迫地应付日常生活和工作的压力而不感到过分紧张。
② 处事乐观，态度积极，乐于承担责任，不挑剔。
③ 善于休息，睡眠良好。
④ 应变能力强，能适应环境的各种变化。
⑤ 能够抵抗一般感冒和传染病。
⑥ 体重适当，体态匀称，头、臂、臀比例协调。
⑦ 眼睛明亮，反应敏锐，眼睑不发炎。
⑧ 牙齿清洁，无空洞，无痛感，牙龈颜色正常，不出血。
⑨ 头发有光泽，无头屑。
⑩ 肌肉丰满，皮肤富有弹性，走路轻松有力。

上述十条标准中既有生理的内容，也有心理和社会的内容，后者虽不像前者那么具体明确，但包含的内容却非常多，相对也更难以拥有。一个人具有健康的身体，同时拥有健康的心理和社会性，才具有真正意义上的健康。

【知识拓展2】WHO关于躯体健康"五快"评价标准：

① 吃得快：是指胃口好、不挑食、吃得迅速，表明你的内脏功能正常。这里的"吃得迅速"不是指狼吞虎咽，是指胃口好，吃什么都香，不感到难以下咽，吃东西一定要细嚼慢咽。
② 便得快：是指上厕所时很快排通大小便，表明你肠胃功能良好。
③ 睡得快：是指上床即能熟睡、深睡，醒来时精神饱满、头脑清晰，表明你中枢神经系统的兴奋、抑制功能协调，且内脏不受任何病理信息的干扰。
④ 说得快：是指语言的表达准确、清晰、流利，表明你思维清楚而敏捷，反应良好，

心肺功能正常。

⑤ 走得快：是指行动自如，且转动敏捷，因为人的疾病和衰老往往是从下肢开始的。

【知识拓展3】WHO 关于精神健康"三良好"评价标准：

① 良好的个性：是指性格温和、意志坚强、感情丰富、胸怀坦荡、心境达观，不为烦恼、痛苦、伤感所左右。

② 良好的处世能力：是指沉浮自如，客观观察问题，具有自我控制能力，故而能适应复杂的社会环境。对事物的变迁保持良好的情绪，常有知足感。

③ 良好的人际关系：是指待人接物宽和，不过分计较小事，能助人为乐、与人为善。

二、健康的影响因素

健康是一个动态变化的过程，从健康到疾病是一个连续体，影响健康状态变化的因素广泛而复杂，根据其特点一般可以归纳为四大类：环境因素；心理、行为生活方式；医疗卫生服务；生物遗传因素。

① 环境因素：环境因素不仅包括各种物理、化学、生物等自然环境因素，还包括政治制度、经济水平、职业、教育、文化、信仰、风俗等社会环境因素。

② 心理、行为生活方式：心理包括智力、情绪和精神；行为生活方式主要包括营养摄入、个人卫生习惯、生活嗜好（吸烟、饮酒）、体育锻炼、消费观念等。

③ 医疗卫生服务：包括医疗、预防、康复机构和社区卫生服务机构等医疗卫生资源设施的分配和利用，以及医疗保障制度、卫生服务的可及性及其服务质量、卫生监督监测等。

④ 生物遗传因素：包括家族遗传史、个人遗传素质、自身免疫状况、先天性缺陷或伤残。人体的基本生物学特征是健康的基本决定因素，遗传的素质影响不同个体的健康问题和疾病状况。

经 WHO 研究统计发现，在以上四类因素中，对健康影响程度最大的是心理、行为生活方式，占比 60%，其他三类依次为环境因素（17%）、医疗卫生服务（8%）、生物遗传因素（15%）。其中，环境与健康、营养与健康、运动与健康、心理与健康四个方面，是实现健康产业与旅游产业深度融合的主要交叉点。

（一）环境与健康

人类与环境既相互联系、相互依存，又相互制约、相互适应。随着人类社会的发展和进步，人类不仅为了生存而适应环境，更不断开发、利用和改造着环境。人类大规模的生产和生活活动对环境施加了巨大的影响，随着工业化、城镇化进程的加快与产业结构的调整，生态破坏、环境污染、气候变化等问题日益突出。与此同时，日益恶化的环境也对人类的生存和健康

环境污染及其对健康的影响

构成严重威胁和危害。正如习近平总书记指出："我们既要绿水青山，也要金山银山。宁要绿水青山，不要金山银山，而且绿水青山就是金山银山。"可见，保护生态环境也就是保护生产力，良好的生态环境是健康和长寿的基本条件，我们要像对待生命一样对待生态环境。

人类生存的环境是由各种物质因素和非物质因素构成的一个复杂系统。环境的概念随着分类方法不同而异，按照其因素属性和系统构成可将人类环境划分为自然环境和生活环境。

1. 自然环境与健康

自然环境，又称物质环境，是指围绕人类周围的客观存在的各种自然因素的总和，如空气、食物、阳光、水、土壤、其他物种等，它们都是人类和其他一切生物赖以生存的物质条件。根据环境是否受过人类活动的影响，自然环境又可分为原生环境和次生环境。

① 原生环境是指天然形成的，未受或少受人为因素影响的环境。

其中大多数是对机体健康有利的因素，如新鲜空气、化学组成正常的水和土壤、充足的阳光、适宜的微小气候、食物及绿化植被等。但天然的也未必都是有利的，有些原生环境也会对人体健康产生不利的影响。例如：原始森林中的森林脑炎病毒可引起人类感染森林脑炎；由于地球表面化学元素分布不均导致人类发生地球化学性疾病；发生地质灾害和气象灾害。

② 次生环境是指在人为活动影响下形成的环境，如城市、村镇、农田、园林、矿山、车站、港口、机场、公路等。

人类在改造环境及开发利用自然资源的同时，虽然给人类的生存和健康提供了良好的物质条件，但也对原生环境施加了影响，破坏了生态平衡，造成环境污染，严重威胁着人类的生存、健康。

2. 生活环境与健康

生活环境是与人类生活密切相关的各种自然条件和社会条件的总体。人类的生活环境存在各种各样的环境因素，包括有益因素和有害因素，这些因素常以其固有的特性通过空气、水、食物和土壤等环境介质作用于人体，对人的健康产生影响。

（1）大气环境与健康

大气是生活在地球上的生命体的必需物质，人通过呼吸与外界进行气体交换，从空气中吸收氧气，呼出二氧化碳，以维持生命活动。因此，空气的清洁度及其物理、化学和生物学特性与人类健康密切相关。

知识拓展

【知识拓展1】大气的化学组成

自然状态下的大气是由混合气体、水汽和悬浮颗粒组成的。除去水汽和悬浮颗粒的空气称为干洁空气，是无色、无臭、无味的混合气体，其主要成分是氮气（78.09%）、氧气（20.94%），此外，还有氩气（0.93%）、二氧化碳（0.03%）、氖气、氦气等。当大气中的氧气降至15%以下时，人即可发生呼吸困难；当降至10%时，将影响机体代谢，思维活动明显减退；当降至7%以下时，即可危及生命。人体各器官对缺氧的耐受不同，最敏感的是大脑，在缺氧4～6分钟就会出现不可逆的病变。

【知识拓展2】大气的物理性状

大气的物理性状包括太阳辐射、气象因素和空气离子等。

① 太阳辐射是地球上光和热的源泉，是产生各种天气现象的根本原因。太阳光谱由紫外线（波长200～400 nm）、可视线（波长400～760 nm）和红外线（波长760 nm～1 mm）组成。太阳辐射的波长不同，生物效应亦不同，波长越短，生物学效应越强。

紫外线按不同波长紫外线的生物学作用可分为3段，UV-A（320～400 nm）、UV-B（290～320 nm）和UV-C（200～290 nm）。其中，UV-A段具有色素沉着作用；UV-B段具有红斑作用、抗佝偻病作用和提高机体免疫功能；UV-C段具有明显杀菌作用，可用于物体表面、水和空气的杀菌消毒。适量的紫外线照射对人体是有益的，但过强的紫外线照射可致日光性皮炎、电光性眼炎、白内障，甚至皮肤癌等。

可见光是人视觉器官感受到的光线，能提高视觉功能和改善机体的新陈代谢，并具有镇静作用，是生物生存的必需条件。适度的可见光可预防眼睛疲劳和近视，提高情绪和工作效率，但光线过强或过弱可使视觉器官过度紧张而易引起疲劳。

红外线的主要生物学作用基础是热效应。适量的红外线照射可促进机体新陈代谢、细胞增生，并具有消炎和镇静作用。过量照射可引起中暑、皮肤烧伤和视网膜灼伤、红外线白内障等疾病。

② 气象因素包括气温、气湿、气流、气压等因素，这些因素综合作用于机体，影响机体的新陈代谢、体温调节、心血管功能、神经功能、免疫功能等多种生理活动。适宜的气象因素使人感到舒适，使机体处于良好状态，对健康有促进作用。但不良的气象条件，如严寒、酷暑、高温、气压异常、暴风雨等异常变化超出机体的代偿能力，可引起机体抵抗力降低，引起多种疾病，如诱发心脑血管疾病、呼吸系统疾病和关节疾病等。

③ 空气离子指空气中的气体分子（如氮、氧）在某些外界因素作用下可形成带电荷的正、负离子，该过程即空气的离子化。气体分子脱去外层电子，生成带有正电荷的正离子（阳离子），游离的电子与另一个中性分子结合成为带负电荷的负离子（阴离子）。每个离子

可吸附周围的 10～15 个中性气体分子，形成直径较大、质量较轻的离子，称为轻离子（n+/n-）。部分轻离子与空气中悬浮颗粒物或水滴结合形成重离子（N+/N-）。新鲜的清洁空气中轻离子浓度高，污染的空气中轻离子浓度低。因此，空气中重、轻离子的比例，可用于评价空气清洁新鲜程度。大气中适宜浓度的阴离子对机体有镇静、催眠、镇痛、镇咳、降压、促进食欲、提高工作效率等有利作用。而空气阳离子的作用则相反，会引起失眠、烦躁、头痛、血压升高等不利作用。一般树林、海边、公园等自然环境中阴离子较多，对机体健康有利。目前，我国提出清洁空气中负离子数目要求在 10^3 个/cm^3 以上，重、轻离子比值应小于 50。

（2）饮用水与健康

水是生命之源，是一切生命过程必需的基本物质。成人体内水约占体重的 65%，婴幼儿占 70%，新生儿可达 80% 左右。成人每日生理需水量为 2～3 L。机体的一切生理、生化活动都需要水的参与。水是构成细胞和体液的重要成分，能够调节体温，维持体温稳定；胸腔、胃肠道和关节部位的水，对器官、关节、肌肉等有缓冲、润滑、保护作用。水与人类的日常生活关系密切，在保持个人卫生、改善居住环境和促进健康等方面有着重要意义。

水在地球上分布很广泛，约占地球总面积的 70%。总储水量为 $138.6×10^8$ 亿 m^3。地球上的淡水总量仅为 $3.5×108^8$ 亿 m^3，且分布不均匀。我国人均水资源约为世界人均水资源的 1/4，是全球人均水资源最贫乏的国家之一。而且我国的江、河、湖泊、水库等水域普遍受到不同程度的污染，水资源的严重污染，加剧了水资源的贫乏，饮用水安全问题受到严重影响。天然水资源一般分为降水、地表水和地下水三大类。其中地下水，特别是深层地下水，其水质较好、感官性状良好、有机物和细菌含量少、水的硬度较高（含矿物质多），虽自净能力较差但较少被污染，是生活饮用水的最好来源。

知识拓展

适宜饮用的生活饮用水应符合下列四项基本卫生要求。

① 水的感官性状良好：饮用水应透明、无色、适口而无异味，无任何肉眼可见物。生活饮用水应经净化处理以除去水中杂质。

② 流行病学安全：饮用水不得含有病原微生物和寄生虫卵，不发生和传播介水传染病。生活饮用水应经消毒处理以杀灭水中的病原微生物。

③ 化学组成安全：饮用水应含有适量人体必需的微量矿物质，而有毒、有害化学物质及放射性物质的含量应控制在安全限制内，以防止急性、慢性及任何潜在性危害。

④ 水量充足，取用方便：饮用水应该取用便利，水量应该能满足居民需要。

何为蛋白质？

（3）土壤及地质环境质量与健康

土壤处于大气圈、水圈、岩石圈和生物圈的过渡地带，是结合环境各要素的枢纽，是陆地生态系统的核心及食物链的首端，同时又是处理和容纳许多有害废弃物的场所。土壤具有一定的环境容量，可以承载一定的污染负荷，但污染物一旦超过土壤的自净能力将会引起土壤污染，进而影响土壤中的动植物，通过生态系统食物链危害人类健康。另外，土壤中的化学元素和有害物质可以向大气、水体和生物体内迁移，间接危害人类健康。

不同地区的地形、地貌、成土母岩性质和气候也存在着不同，使得地壳表面的化学元素分布不均衡，造成一些地区的土壤、水、空气中某些化学元素过多或缺乏。当地居民通过饮水、食物等途径摄入的这些元素过多或过少，超出机体的适应范围而引起特异性疾病，即"生物地球化学性疾病"，俗称"地方病"，如山区、丘陵地带的土壤、饮水、农作物、蔬菜中含碘较低，多有碘缺乏病的流行。我国常见的地方病包括碘缺乏病、地方性氟中毒、地方性砷中毒及与元素硒相关的生物地球化学性疾病等。

（二）营养与健康

为了维持生命、健康以及从事各种生产、生活活动，人类必须从食物中获取机体所需的各种营养素。根据化学性质和生理作用，人体所需的营养素可概括为六大类，包括蛋白质、脂类、糖类、矿物质、维生素和水。其中蛋白质、脂类、糖类可在体内通过氧化分解而产生热量，且机体需要量比较大，故被称为产能营养素或宏量营养素。机体对矿物质和维生素的需要量较少，被称为微量营养素。合理的营养素能促进生长、利于发育、防治疾病、保证健康。而营养素摄入不足、过量或营养素比例不当均能使人体处于亚健康甚至疾病状态。食品从种植、养殖到生产、加工、贮存、运输、销售、烹调再到餐桌的各个环节，均可能受到某些有害物质的污染，影响食品的营养性和安全性，危害人体健康。因此，合理的膳食搭配和安全卫生的食品，对于维持人体正常的生理功能、促进生长发育、保持身体健康、预防疾病至关重要。

脂类小常识

知识拓展

营养与营养素

营养从字义上看就是谋求养生的意思，具体是指人体通过摄取、消化、吸收、利用食物中的营养物质，以构建机体组织、满足自身生理需要的生物学过程。

营养素则是指食物中含有的能维持生存、促进机体生长发育等一切生命活动和过程的化学物质。人类必须每日从外界环境摄入必要的物质，除空气和水外，还要通过各种食物组成的膳食，获得人体所需的各种营养素，以满足机体的正常生长发育、新陈代谢和工作、劳动的需要。

知识拓展

维生素的营养价值

维生素是一类人体不能合成或合成数量不能满足生理需要，但又是机体正常生理代谢所必需，且功能各异，必须由食物供给的微量低分子有机化合物。按照溶解性，可分为水溶性维生素（B族维生素和维生素C）和脂溶性维生素（维生素A、D、E、K），见表1-1。维生素有多种命名方法：按发现顺序是以字母命名；按化学结构则有视黄醇、硫胺素、核黄素、烟酸等；按功能则有抗干眼病维生素、抗脚气病维生素等。

表1-1 水溶性维生素和脂溶性维生素

溶解性	种类	作用	食物来源
水溶性维生素	维生素B1	参与糖类代谢所必需；维持神经、肌肉、心肌的正常功能	谷物、豆类、坚果、牛奶、家禽
	维生素B2	参与体内物质氧化，促进生长发育	动物内脏、瘦肉、豆类、乳类
	维生素B3	保持皮肤健康及促进血液循环，维持神经系统正常功能	黄豆、香菇、黑米、绿叶蔬菜、肝、蛋
	维生素B12	维持机体正常造血功能	肝、肉、蛋、鱼、奶
	叶酸	细胞生长繁殖必需；促红细胞成熟	绿叶蔬菜、肝肾、酵母、肉、鱼、乳类
	维生素C	胶原蛋白的合成；抗氧化；治疗坏血病；预防牙龈萎缩、出血	水果、绿色蔬菜、番茄、马铃薯
脂溶性维生素	维生素A	维持正常视觉；促生长发育；维持上皮组织结构完整	胡萝卜、鱼油、绿叶蔬菜、蛋黄、肝脏
	维生素D	调节钙、磷代谢，促进骨质更新	鱼肝油、奶制品、动物肝脏
	维生素E	抗氧化剂；抗衰老；防癌；生育	植物油、蛋、肝
	维生素K	参与凝血过程，促进骨骼代谢	绿叶蔬菜、豆类、蛋黄

糖类的营养价值　　必不可少的矿物质　　中国居民膳食指南

1. 合理营养与平衡膳食

① 合理营养是指全面而均衡的营养，包括两方面内容：一是满足机体对各种营养素及

能量的需要；二是各营养素之间比例适宜。合理营养是健康的物质基础。

② 平衡膳食是指膳食所提供的能量及营养素在数量上能满足不同生理条件、不同劳动条件下用膳者的要求，并且各种营养素之间比例适宜的膳食，故也称为合理膳食。平衡膳食是实现合理营养的根本途径。

2. 平衡膳食的基本要求

① 合理的食物搭配。选择的食物要多样化，合理配餐，做好粗细搭配、荤素搭配、色彩搭配，保证满足机体对能量和各种营养素的供给量，且比例合理。

② 食物应无毒、无害。食物应新鲜、清洁，食品中有害微生物、农药残留、食品添加剂及其他化学物质等各项指标要符合国家食品卫生标准规定，食物食用后不应对人体造成任何毒副作用。

③ 科学的烹调加工。科学的烹调加工可提高食物消化吸收率，减少食物中营养的损失，减少有害物质的产生；使食物有良好的感官性状，提高食欲。

④ 合理的膳食制度和良好的进食环境。一日三餐定时、定量，且热能分配比例恰当，进餐环境应舒适、安静、卫生。

（三）运动与健康

WHO 在 2013 年 6 月发布的简报中指出，缺乏锻炼已成为全球第四大死亡风险因素。据《中国居民营养与慢性病状况报告（2015 年）》数据显示，我国成人经常锻炼率仅为 18.7%，身体活动不足已成为慢性病发生、发展的主要行为危险因素之一。在"头脑发达，四肢萎缩"的今天，体育运动能使劳累的大脑得到休息，让饥饿的肢体重新发达起来，有时还是预防和治疗某些慢性病的重要措施之一。可以说，运动就其作用可以代替药物，但所有的药物都不能代替运动。适量运动既能促进人体生理层面的健康，又能调节心理层面的健康，同时也能提高人们对社会的适应能力。可见，运动对健康的维持和促进作用是多方面、全方位的。

那么运动应该如何进行，才是科学有效的呢？这就需要根据不同人的生理特点、兴趣爱好、健康状况等情况开具个性化的运动处方，在符合基本的运动原则的基础上，对运动类型、运动方式、运动负荷三个方面进行合理的选择。

合理运动的基本原则包括科学性原则、适用性原则、循序渐进性原则和长期性原则。科学性原则是指运动前需要进行必要的健康测量与评价，以了解身体的健康状况，根据健康测评结果和个人兴趣爱好进行选择。适用性原则是指运动计划要全面发展，符合人体运动规律，设置的任务应难度适中，并且锻炼方式也应多样化，还要充分考虑环境、运动场地设施、器械等条件。循序渐进原则是指进行运动时，运动强度要从小到大，运动时间要从短到长，运动量要从少到多，均应逐步循序增加。长期性原则是指运动要长期、系统进行，才能逐渐积累达到相应效果，逐步改善机体各器官系统的形态和机能。

（四）心理与健康

自WHO于1948年在《世界卫生组织宪章》中提出"躯体、心理、社会适应"三维健康的定义以来，人们对心理维度的健康越来越重视，尤其在现今生活节奏明显加快、工作及精神压力倍增的21世纪，心理健康的改善与促进成为整个社会面临的重大课题。1990年，WHO将健康的定义增加了道德健康的维度，意味着健康不仅涉及人的体能方面，也涉及精神层面，道德健康与心理健康同属于精神层面，道德健康与心理健康之间有着密切的联系。

影响健康的心理因素

对于心理健康这一概念不同的组织机构和专家学者有不同的定义，这与心理的非物质性和抽象性有一定关系。在此教材中，我们可以将其简单理解为"个体内部协调与外部适应相统一的良好状态"，且心理健康绝对不是静态和稳定的状态，而是一直处于动态平衡当中，人们在日常生活和工作中要时刻注重对自身心理的调整。心理健康具有以下四个基本特征。

① 相对性：心理健康与人们所处的环境、时代、年龄、文化背景等因素有关。

② 动态性：心理健康状态并非固定不变的，心理健康水平会随着个体的成长、环境的改变、经验的积累及自我的变化而发展变化。

③ 连续性：心理健康与不健康之间并没有一条明确的界限，而是呈现一种连续甚至交叉的状态。从健康的心理到严重的心理疾病，是一个"两头小、中间大"的渐进的连续体。

④ 可逆性：心理健康具有可逆性，当出现心理困扰、心理矛盾时，若能及时调整情绪、改变认知、纠正不良行为，则很快会解除烦恼，恢复心理平衡。反之，若不注意心理健康，则心理健康水平就会下降，甚至产生心理疾病。

心理健康标准是心理健康概念的具体化，不同的学者有着不同的看法。目前为止，对于心理健康尚无量化的理想方法或工具，但常用的测评量表有90项症状清单（SCL-90）、抑郁自评量表（SDS）、焦虑自评量表（SAS）、卡氏16种人格因素测验（16PF）、明尼苏达多项人格测验（MMPI）、艾森克人格问卷（EPQ）等，可用于反映心理健康的水平与等级。需要注意的是，在使用这些量表对个人进行具体评估时，还需要结合定性的标准。

【典型案例】

普吉岛排毒静修项目是一个专注于自然疗法的旅行服务商"一次旅行"的个性化产品，选择天然舒适的海岛环境，通过绿色生机的饮食疗法、科学合理的有氧运动、独具特色的按摩手法等专业排毒疗程，利用大自然让人们彻底远离城市的喧嚣和烦恼，疗愈一切城市中"柴米油盐"带来的身体和精神压力，归于自然深处，配合冥想、运动、健康饮食方案，

帮助人们把体内的毒素排出体外，得以让身心彻底摆脱亚健康，达到身心的完美平衡。该项目行程安排为七天，地点位于普吉岛卡塔海滩的欣窕沙健康排毒中心（以下简称"排毒中心"），适合人群为18岁以上的成年人。普吉岛排毒静修项目具体内容如下。

① 每日膳食计划：小麦草汁水、各色蔬菜果昔、新鲜椰子水、排毒营养补给品、蔬菜热汤等。早晨小麦草汁一杯，原料来自酒店自己培育的小麦草，有助于通便、改善血糖问题等。每天五瓶蔬果汁，蔬果汁每天的安排都不一样，排毒中心会定点将果汁放在冰箱里，按照客人名字区分，自取。新鲜椰汁每天可以喝到两次，清新甘甜，纯正的泰国味道。晚餐蔬菜热汤，一天结束后的最后一餐，一大壶蔬菜热汤，略带姜味，能够暖胃，一整瓶保暖壶的量，能够喝到饱。营养补给品，每天除了饮用疗程中的所有蔬菜果昔，还需要定时服用营养补给品。蔬果汁排毒是排毒效果非常显著的项目，通常不会有太大的饥饿感。但如果首次参与，对断食比较有心理负担，可以更改为生机素食断食（早餐2瓶果汁，午晚餐为生机素食配餐）。

② 每日排毒按摩：泰式按摩、精油按摩、排毒按摩、晒后修复按摩等。在泰国总会肆无忌惮地晒太阳，想要晒黑又不想晒伤，芦荟按摩是晒后修复的最好选择，将真的芦荟叶往身上涂抹按摩，而不是抹那些凉凉的芦荟膏。排毒按摩更注重在腹部的位置，通过按摩手法，帮助软化和分解毒素，从而在洗肠时让毒素快速排出。

③ 每日洗肠：一日两次洗肠，最大化、全方位地排毒，让身体细胞自行修复，非常温和地恢复至本源的酸碱平衡状态。手法包括咖啡灌肠和大蒜汁灌肠。咖啡灌肠是用灌肠的方式，让咖啡从下消化道的直肠直接灌入，咖啡中的丹宁酸可以杀死直肠中的坏菌，同时刺激大肠蠕动。大蒜汁以同样方式灌肠，可帮助排出内脏毒素。排毒中心有专门的洗肠房间，一人一间，会准备好所有器具，还有电视帮助分散注意力和紧张情绪，并有淋浴可方便清洗。

④ 各类舒缓和有氧运动课程：冥想、瑜伽（双人瑜伽、空中瑜伽等）、普拉提、有氧尊巴、拳击等。双人瑜伽适合男女搭配，男生力量比较好，做底盘会很稳，同时有助于增进感情。空中瑜伽也叫反重力瑜伽，利用空中瑜伽吊床，完成一些瑜伽体式，有很多倒置的体式，其效果跟倒立很像，但是一边摇晃一边身体倒置，会用到更多核心和手臂的力量。尊巴舞是一场"群魔乱舞"的有氧运动，音乐超级动感，动作也不算复杂，混着健身操和舞蹈的感觉。

⑤ 生食料理DIY：制作简单的芦笋千层面，可以和意大利厨师聊天，听听一位曾经热爱面食、热爱肉类、大腹便便的意餐大厨是如何变成生食健康料理的狂热爱好者的，使自己也受益于此。

⑥ 无人岛一日游：没有经过任何修饰的无人小岛，没有拥挤的人群，有整片的沙滩和蔚蓝的大海。岛中餐厅是这座不大的岛屿上唯一的人工建筑，遗世独立地矗立在这片海洋

中心，等待着踏上这片孤岛的有缘人。仿佛定制般的无人海岸和沙滩，沿着岛屿尽情地奔跑，躺在礁石边，海浪仿佛就拍打在耳边，感受阳光洒落在全身。

行程安排

第 1 天

酒店入住，熟悉酒店设施

第 2 天

10:00　起床

11:00　咨询医师为客人测量身体指标，介绍排毒项目

12:00—13:00　生机素食午餐

13:00—14:00　按摩

15:00—16:00　第一次洗肠（营养补给品）

16:00—17:00　中心运动课程

17:00—18:00　草本桑拿和冰水浴

18:00　热汤

睡前补充益生菌

第 3～6 天　疗程期间

全天补充新鲜蔬果汁 5 次，两次清肠，一次按摩，食用排毒营养补给品 3 轮

07:00　起床

07:30—08:15　唤醒瑜伽（或沙滩漫步）

08:30—09:00　晨会，健康议题。落实当日时间表，如需增加按摩、私教或治疗师疗程，可在晨会提出。（晨会提供小麦草汁和有机草本茶）

09:00—10:00　上午洗肠

10:00—11:00　中心课程（瑜伽或有氧）

13:00—14:00　按摩（时间会根据当日人数进行安排）

15:00—16:00　下午洗肠

16:00—17:00　中心课程（尊巴、瑜伽、踏板操等）

17:00—18:00　草本桑拿冰水浴

18:00　热汤

18:00—19:00　晚间有氧课程

睡前补充益生菌

第 7 天　恢复进食

07:00　起床

07:30—08:15　唤醒瑜伽

08:30—09:00　　晨会，健康议题

09:00—10:00　　上午洗肠（最后清肠+益生菌注入）

12:00　　木瓜酸奶，作为恢复饮食的第一餐

下午自由活动

傍晚结束离开，返回家乡（送至机场，按航班）

案例讨论：普吉岛排毒静修项目是如何巧妙地将环境因素、营养因素、运动因素及心理因素等与健康融为一体的？

任务思考

1. 简述大气、水、土壤环境污染的健康危害性。
2. 谈谈你对营养、饮食与健康关系的理解。
3. 运动对人类健康的促进机制主要表现在哪些方面？
4. 旅游为什么可以起到缓解心理压力的作用？

任务二
健康与旅游的融合

任务目标

1. 认识旅游活动六要素。
2. 正确理解旅游六要素与健康的融合发展关系。
3. 熟悉旅游健康风险的概念、特征及管理。

任务分析

旅游能够强身健体、愉悦身心，从广义的健康旅游的角度来看，旅游活动属于健康旅游活动，但是旅游活动所涉及的六大要素并不总是安全的，往往伴随着健康风险。

本任务主要是从传统旅游六要素出发，研究旅游中威胁人类健康的风险因素。

📋 任务操作

旅游是在一定的经济条件下所产生,并随着社会经济发展而发展的一种综合性社会活动,它是以满足人类精神文化需求和生态环境需求为目的的高层次消费活动,"健康"是其基本属性。旅游活动通常涉及其过程中的吃、住、行、游、购、娱六个方面,其中有关健康的所有现象和关系都属于旅游健康管理的范畴。

一、旅游六要素与健康

(一)"吃"得健康

旅游饮食健康措施

"吃"是旅游活动完成的基本前提,其质量如何对旅游总体质量有极大的影响,也影响旅游者的健康。饮食健康是康养旅游发展的基础,康养旅游产业下的相关部门也应当更新饮食观念,重视康养旅游活动过程中的饮食健康,康养旅游过程中的饮食应该符合科学饮食的原则,即吃饱吃好、吃得可口、吃得卫生、规律进餐、适量饮水。从营养健康的角度看,康养师应根据康养旅游活动的特点,根据康养旅游者的生理需求和饮食习惯,提供能量适中、营养素齐全、新鲜优质、口味良好的膳食,以满足康养旅游者的生理需要,保证旅途顺利。

📖 知识拓展

旅游活动过程中的常见饮食问题

① 饮食供应不充足——吃不饱。旅游活动过程中的饮食保证是基本前提,也就是说,我们的基本前提是要吃饱。多数旅游活动属于中等或以上的体力劳动强度,能量消耗比较大,也就是需要的食物量比较多,如果不及时补充,很快会疲劳无力,对身体产生不利影响,甚至难以完成预定目标。在旅游旺季可能出现"导游抢饭""游客抢座"的情况,不少游客吃不饱,影响游览心情,耽误了时间和行程,使旅游质量打折扣。

② 饮食质量比较差——吃不好。吃得好是玩得好的基础。在旅游过程中,一些团队餐虽然能吃饱,但其质量却不尽如人意,搭配不合理,营养价值较低,口感味道不佳,饮食价格与价值不相符。

③ 饮食卫生问题突出——吃得不干净。由于旅游过程中饮食管理不到位、经营者的卫生意识缺乏,游客自我保护意识不强,使得旅游过程中的饮食卫生问题较多。先不说大排档、摊位或沿街摆卖安全隐患诸多,就是一般的旅游接待饭店也很少有实质性的消毒杀菌措施,尤其是旅游旺季,游客众多的情况下,卫生问题更为突出,常常出现严重的

食品安全事故危险,直接对游客的身体健康造成危害,比如食物中毒。有资料显示,游客腹泻的发生概率可高达60%,在旅行投诉中,饮食卫生方面的投诉也是比较突出的方面。

④ 饮食品种单一——吃得不够丰富。一般的旅游接待饭店对待所有游客使用统一标准,很少考虑游客的具体情况和旅游地的气候、环境、季节等情况。其实游客不同,他们的饮食要求自然不完全相同,不同游客,年龄不同、民族不同、来源地不同,他们的营养需求、口味偏好、饮食习惯等会有一定的差异。健康的旅游饮食,应当根据他们的具体情况做适当的调整,以更好地满足游客的需要。

安全住宿小技巧

⑤ 饮食缺乏规律性——不能定时。在旅游过程中,往往由于行程安排、时间紧张等,进餐时间缺乏规律性。除早餐外,两餐时间间隔过长,游客常常饥肠辘辘后又狼吞虎咽,再者是旅途中游客吃零食不断,打乱了消化规律,使得肠胃很不舒服,也为腹泻等消化系统的疾病埋下隐患。

(二)"住"得健康

随着旅游业的迅速发展,作为旅游业三大支柱产业之一的住宿业也迅速发展,其形式也日益丰富,除了星级旅游酒店,商务酒店、经济型酒店、民宿等也十分受游客的欢迎。尽管我国的住宿业经过几十年的发展,其经营管理水平有所提升,但是国内住宿的卫生问题经常被诟病。主要问题有:房间潮湿、发霉;卫生间打扫不干净,蚊虫滋生,洁具不洁净;地毯有污渍,客用棉织品不洁净,重复使用,没有做到"一客一换"等。这些卫生问题不仅影响游客的入住心理,还可能导致游客感染致病菌,甚至造成传染病传播风险。住宿业的卫生问题,不仅会直接影响康养旅游者的身体健康,也会阻碍康养旅游产业的健康发展。

(三)"行"得健康

旅游交通是指为游客由旅游客源地到旅游目的地往返和在景区之间、景区内不同景点之间旅行游览过程中所提供的交通基础设施、设备及运输服务的总称。旅游交通运输业和旅行社业、住宿业一起被视为旅游业三大支柱。安全是康养旅游产业的生命线,其中旅游交通安全直接关系旅游者的健康与生命,是康养旅游中的一个关键因素,更是康养旅游产业的重要基石。

常见的旅游交通安全问题

(四)"游"得健康

在旅行游览过程中,游客势必要面对各种陌生环境,由于不熟悉环境,遇到各种风险的机遇大大增加。比如，景区、景点的安全防护设施并不一定完全安全，通常也带有安全隐患，再加上游客在旅游过程中可能出现踩空、跌伤等人为疏忽而造成的意外事故，都会严重威胁游客的健康。这就要求康养师在为康养游客选择游览地点时，应综合考量景区、景点的安全防护设施和康养游客的身体状况等。

（五）"购"得健康

旅游购物作为旅游经济中最具有潜力的要素，在旅游创汇、创收中起着越来越重要的作用。旅游商品是旅游购物资源的核心。

（六）"娱"得健康

旅游娱乐是指游客在旅游活动中所观赏和参与的文娱活动。游客的需求是变化的，"求乐"正在变成旅游动机的主流。旅游娱乐活动属精神产品，横跨文学、艺术、娱乐、音乐、体育诸领域。

二、旅游健康风险

（一）健康风险的概念

风险一般是指遭受损失、损伤、毁坏的可能性。风险是某种不利事件或损伤发生的概率及其后果的函数，可以用下列公式表示：$R=f(P,C)$。式中：R 表示风险；P 表示不利事件发生的概率；C 表示该事件发生的后果。风险存在于人类的一切活动中，不同的活动会带来不同性质的风险，健康风险即为其中之一。按照风险的定义，结合旅游的特征，可以这样理解旅游健康风险，即指在旅游活动中，游客因所处自然、社会、文化环境等方面产生种种不适或者直接面临损害事件的可能性，这是一种关乎概率的描述。

旅游购物安全常识

（二）旅游健康风险的影响因子

导致旅游健康风险的原因多样而复杂，其形式具有不确定性。只有从不同角度、运用不同方法对其缘由、时空规律等进行考察，科学探明风险的形成机制与发生特点，才能为成功预防旅游健康风险提供操作性的策略，防微杜渐，维护游客的健康及旅游业的可持续发展。

1. 社会危害因子

旅游地社会环境主要是指旅游目的地和旅游依托地的政治局势、社会治安情况、卫生及健康状况、当地居民对外来游客的态度。战争、社会动乱、恐怖袭击等对游客的伤害和打击的程度大，如耸人听闻的美国"9·11"事件导致 2 998 人遇难，其中 2 974 人被官方证实死亡，另外还有 24 人下落不明，并给计划前往该地旅游的人们造成严重的心理恐惧。犯罪活动（特别是针对旅游者的犯罪活动），包括危害人身安全的犯罪、性犯罪及毒品、赌博、淫秽有关的犯罪等，是具有直接影响的不安全因素。突发性公共事件（包括新旧传染病爆发流行、食物中毒和职业中毒、有毒物质泄漏事故等）往往是在游客疏于防范的情况下发生的，因此会带来较为严重的健康影响。旅游地风俗习惯等也会造成疾病的发生，如傣族泼水节上很多外地旅游者受凉感冒，草原地区喝生水、吃奶制品和滨海地区吃海鲜等易造成腹泻及传染病的流行。文化障碍或者当地居民对旅游业的不满、抗拒甚至排斥的情绪会导致主客冲突的加剧。

2. 环境危害因子

旅游依托地和旅游目的地的大气、水体、土壤、生物及地质、地貌等对游客的健康产生重要的影响。例如，地震、火山爆发、塌陷、地裂、崩塌、滑坡、泥石流、暴雨、洪水、海啸、气旋流、沙尘暴、有毒气体污染、疫病等自然灾害组合构成了旅游地的不安全状态，一旦旅游活动面临自然灾害，尤其是骤发性的自然灾害时，将会不可避免地发生健康安全事故。2004 年 12 月 26 日，苏门答腊岛以北海域地震引发的海啸波及印尼、斯里兰卡、泰国、印度、马来西亚、孟加拉国、缅甸、马尔代夫等国，造成约 29 万人死亡和失踪，其中不乏前往该区域的游客，并且灾后面临着严峻的卫生挑战。高海拔旅游区（如我国西藏、青海地区）游客易有高山反应，患肺气肿甚至休克、死亡，草原旅行得提防人畜共患病的感染；地方性疾病（如鼠疫、布氏杆菌病等）对旅游目的地居民、旅游从业人员及旅游者身体影响极大。部分凶猛野生动物、有毒动植物等也会是旅游健康隐患，比如澳大利亚就经常出现毒蜘蛛和毒蛇咬人事件。另外，环境污染、核辐射等引起的疾病以及地方病、传染病也影响着游客的人身安全。

3. 设施与服务危害因子

景区空中缆车索道事故、漂流事故、护栏断裂事故及发生踩踏事故等，还有因旅游设备设施安全问题或者管理不善而造成的健康伤害，让游客防不胜防。例如，1998 年郑州铁路职工宁毅清在黄山旅游时，被从山崖上滚下来的"飞来石"砸中，成为一个丧失记忆、瘫痪在床、生活完全不能自理的残疾人。

景区卫生状况（饮食与住宿卫生、社区居民健康水平、流行疾病等）与卫生资源配置状况也是影响游客健康的重要因素。不良的卫生状况会给游客带来疾患，如旅行中的卧具、水杯、浴缸等未经消毒或消毒不达标可能会造成疾病传播。

4. 游客自身潜在危害因子

个人特征（如年龄、性别、健康状态、文化背景、收入水平、个人偏好、获得医疗信息及教育程度等）是影响游客的重要因素。例如：一般来说，女性游客在旅途中易受性攻击和其他伤害，也更易感觉疲劳，出现肠胃消化紊乱、睡眠障碍等症状；心血管疾病、糖尿病等患者参加旅游有旧病复发的危险；病毒携带者外出旅游就增加了传染病扩散的风险；有的游客缺乏卫生与健康意识，面对突发性疾病或意外伤害也不能及时实行自救，常使病情加重甚至直接导致死亡；个人偏好会影响游客对医疗替代品的应用，而有关医学知识的掌握程度影响游客选择何种医疗服务。选择特种旅游方式也可能会增加健康风险，如背包搭车游客夜间露宿导致罹患疾病，受野外生物叮咬、攻击的危险也随之增多；漂流、乘筏旅游、洞穴探险、登山、潜水、挑战极限等旅游项目风险极高，安全事故发生频繁。

5. 其他危害因子

不科学的旅游开发与活动以及公路、铁路、民航、通信、电力、石油、水利、煤炭等大中型基础设施的建设，破坏了旅游地的山体、水体、大气、动植物群落和生态环境，增加了工伤事故、食物中毒、传染病爆发流行等突发性公共卫生事件发生的风险。例如：广西与贵州接壤的天生桥水库的兴建引发鼠疫爆发性流行；公共设施也可能带来某种健康风险，如公用电话上多金黄色葡萄球菌，此菌极易引起人体皮肤、黏膜及各种器官化脓性炎症及败血症；旅途环境对游客健康也有一定的影响，如车厢CO_2浓度、有无座位、乘车时间等都是与旅途精神病发生有关的危险因素。

（三）旅游健康风险的特征

1. 时间性

一般来说，旅游健康事件多发生在旅游旺季，旅游淡季较少。庞大的旅游流会给旅游交通、旅游地接待、旅游地健康管理与防范带来巨大的压力，当游客数量超过旅游地环境容量时，游客还会干扰当地居民的日常生活，严重时甚至出现主客冲突而造成人身伤害。同时，大量游客集结于相对狭小的旅游空间里，客观上也易发生拥挤、碰撞、疾病传播等。另外，不同季节的旅游也存在不同的健康风险。例如：春季乍暖还寒，百病滋生，出门旅游容易受凉感冒；夏季易晒伤、中暑等；而秋冬出游要预防咳嗽、支气管炎等。

2. 区域性

一方面，传染病分布具有地域性：乙型肝炎在东欧南部（阿尔巴尼亚、保加利亚、罗马尼亚）流行；动物狂犬病存在于直布罗陀、马耳他、摩洛哥、葡萄牙以外的南欧大部分

地区；登革热、甲型肝炎在加勒比海地区发生；疟疾、丝虫病在东南亚所有国家和地区的大多数未开垦的地区流行。另一方面，不同地域具有不同的旅游资源，而不同类型的旅游地也会给游客造成不同的健康风险。对海水浴者来说，健康风险来自腔肠动物、有毒鱼类和海蛇等；草原旅行面临着感染人畜共患疾病、被蜱虫蜇伤、遭受虱蚤叮咬及羊狂蝇侵袭等健康风险；登山旅游易发生高原病。

3. 复杂性

旅游健康风险复杂性的表现之一是多种健康风险源的存在。游客面临着许多有碍身体健康的因素，如饮食卫生、居住条件、生活习惯改变、自身保健知识以及旅游目的地的疾病监测、传染病预防、医疗服务等。并且，一项旅游活动存在多方面的健康风险，相关人员难于全面应对。旅游健康风险复杂性的表现之二是潜在的健康风险不易识别。某些疾病有较长的潜伏期，如恙虫病、脊髓灰质炎等潜伏期为1～4周，肺结核、梅毒、狂犬病的潜伏期长达数年；一些健康风险存在相互重叠或遮蔽的现象，如游客恶心、呕吐等症状可能是由一种或多种原因造成的，短时间内难以确定病因，或者只看到主要病因而忽视次要病因的潜在威胁。旅游健康风险复杂性的表现之三是主体差异大。科学研究表明一些旅游资源如花卉、山岳对于过敏性体质的游客来说，就会带来巨大的隐患，它们可能诱发疾病，如花粉过敏、高原反应等。

4. 流动性

旅游业是流动性的产业，旅游活动中面临的危害健康的因素不断增多：违禁物品（包括毒品等）的流动会对游客甚至从业者、当地居民的身体造成伤害；携带传染病毒的游客的流动会使某些疾病呈现跨省甚至跨国际的流行趋势；人员的流动性较大，使得某些疾病（如艾滋病等）的传播和流行有了更多的机会，并且给疾病控制带来了困难，一旦有疾病流行就有可能导致疫情迅速扩散；犯罪人员也会乘机作案，增加了游客人身与财产受到侵害的风险。

综上，研究旅游健康的意义不仅仅在于它是一门理论学科，更重要的是它是一门应用性很强的学科，具有应用性和可操作性的特点。旅游区将旅游健康学的基本理论知识运用于资源评价分析与景区规划中，更科学地设置旅游项目，更经济地布局健康保障力量，更有效地预防和控制旅游风险的发生，以达到最终促进旅游地、旅游业健康可持续发展的目标，这是研究旅游健康的重点、难点和价值所在。

旅游健康管理指为了达到健康的目的，有意识、有计划地对旅游活动中各种健康现象问题进行医疗规范、控制的活动的总称，包括旅游（区）健康现状分析、旅游健康资源调查与开发，以及旅游健康规划与管理、健康安全保障体系的构建与运作等。一般来说，旅游健康管理必须通过政府及旅游主管部门、卫生行政机关、各相关旅游企业及公众的广泛参与和通力合作才能得以实现。

任务思考

1. 简述旅游活动的六大要素。
2. 如何降低旅游活动中的健康风险？
3. 尝试分析现代医学模式下的健康观与旅游活动的融合发展机制。

项目总结

本项目的主要任务是在学习康养旅游的发展历程基础上，继续梳理健康与旅游融合发展的渊源，通过对本项目中两个任务的学习，学习者能够对健康与旅游相互融合、共生发展的关系有一个综合的认识。

项目实践

以小组为单位，从环境、营养、运动、心理等角度筛选浙江省人均寿命较高的地区并阐述其驱动原因。

实训任务

本次实训需要完成浙江省人均寿命调研（网上资料搜集与线上问卷调研相结合）及各地区平均寿命对比，阐述影响寿命的驱动原因。

实训步骤

（1）完成课前自学，结合知识拓展及网络学习平台，储备相关知识。

（2）实训过程中可采用线上线下混合学习的方式，以小组为单位共同完成，可采用头脑风暴法进行资料的收集、整理和分析。

（3）将每项任务的成果整理到相关表格。

任务考核

项目一任务考核表见表1-2。

表1-2　项目一任务考核表

考核内容	非常优秀	优秀	良好	合格	不合格
按时完成任务情况					
搜索整理信息能力					
小组团结协作能力					
小组汇报展示能力					
小组成果创新能力					
任务考核分值建议	非常优秀（90～100分）、优秀（80～89分）、良好（70～79分）、合格（60～69分）、不合格（59分及以下）				

注：根据小组任务实施情况，结合表中考核内容完成小组任务考核评价。

项目二
康养旅游认知

项目导读

随着人们对健康的重视，健康养生的话题受到了全社会的普遍关注，现如今康养旅游成为人们重要的休闲生活方式，发展康养旅游对提高人们生活质量和幸福感具有重要意义。康养旅游作为旅游与健康养生融合发展的新业态，正呈现蓬勃发展的态势，前景广阔。康养旅游产业正蓬勃兴起，康养旅游人才的培养需要进行专门的学习和培训。本项目明确了康养旅游的概念，在此基础上对康养旅游者、康养旅游资源、康养旅游产品、康养旅游效果等做出归纳和阐述，为康养旅游学习奠定理论基础。

国家发展康养旅游政策汇总

思维导图

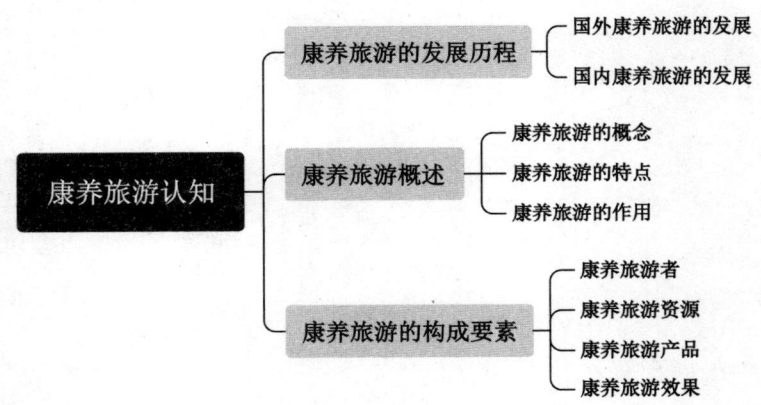

案例导入

绿城乌镇雅园

作为乌镇国际旅游区的重要组成部分，绿城乌镇雅园所处的综合性健康养生养老园占地面积约 433 550 平方米，规划养生养老、健康医疗和休闲度假三大主题，集养生居住区、颐乐学院、养老示范区、医疗公园、特色商业区和度假酒店区六大板块于一体。绿城乌镇雅园总建筑面积约为 600 000 平方米，采用新民国建筑风格，以原生态自然景观加以江南园林式造林手法，诗情画意，师法自然。

任务一
康养旅游的发展历程

任务目标

1. 了解康养旅游的发展起源与演变。
2. 认识康养旅游兴起的必然性。
3. 能够树立文明旅游、健康旅游的意识和社会责任。

什么是康养旅游？
快来了解一下

任务分析

人口老龄化趋势和中青年身体的亚健康促进了医疗旅游、养生保健旅游、体育旅游等康养旅游市场的发展。纵观国内外康养旅游的发展历程，发现其也是人类健康意识不断提升的过程。

在本任务中，一方面从国内外健康旅游发展的历程中了解人们对健康旅游的追求；另一方面，通过历史纵向的角度来探寻康养旅游的发展历程，探讨健康旅游的发展趋势。

任务操作

当今时代，人们对健康的追求成为其充分享受物质文明和精神文明成果的最高追求。健康旅游正是在人们追求更高品质生活的前提下产生的，它对人们生理和心理的康复效益逐渐被广大的消费者认可，已成为旅游业未来发展的潮流，同时这一趋势也是人类社会发展的必然结果。

　　健康旅游是为促进人们身心健康而提供的旅游产品、服务和环境，是旅游产业与健康产业深度融合的产物。健康旅游是医疗和健康服务业发展的一个新方向，也是其与旅游业融合发展产生的一种新业态。充分认识发展健康旅游的重要意义，积极开发健康旅游产品，培育健康旅游新业态，营造健康旅游环境，更好地满足人们的身心健康需求，提升全民族的健康素质和生活品质。世界卫生组织（WHO）早在1947年就提出：健康不但是没有疾病或缺陷，而且是身体、精神和社会的完好适应状态。健康旅游则通过多种方式的放松身心来达到心灵的愉悦，两者的结合恰恰满足了人们对于身体、心灵健康的全方位需求。健康旅游主动顺应了人们旅游观念的改变和对健康的追求，拓展了旅游方式，丰富了旅游内涵。

一、国外康养旅游的发展

　　最早的康养旅游形式就是与温泉和河流相关。不同国家的人都会在他们的一些著名的河流（如埃及的尼罗河、印度的恒河、中国的长江、约旦的约旦河）中沐浴，以净化心灵。19世纪后期，城市中产阶级兴起，为了减少工业化带来的污染和对他们健康的不利影响，他们开始寻求海边或者山区的新鲜空气。20世纪早期，出现了健康农场，强调塑形和健康饮食。

康养旅游
——国外研究专题

　　西方国家很早就开始关注健康旅游。泰勒（Taylor）探索了旅游活动与健康的互动关系；罗宾·布谢尔（Robyn Bushell）对健康与旅游的关系表现出浓厚的兴趣，在健康与旅游环境设计、健康与活动组织等方面进行了研究。世界卫生组织（WHO）在南非地区实施"健康岛"研究项目，对健康旅游的实践进行深入探讨。世界旅游组织（UNWTO）在《旅游业21世纪议程》中提出，应该重视旅游构建健康生活的命题，倡导通过健康旅游来减少旅游发展的负面影响，保护环境，使旅游可持续发展，让人们健康地生活。

康养旅游的概念
——康养旅游发展现状

二、国内康养旅游的发展

　　国内对健康旅游的关注可以2003年SARS事件（严重急性呼吸综合征）为标志。由于缺乏对旅游安全的研究，使得政府和业界仓促应战，花费了大量的财力和物力。由于旅游安全研究的落后，付出了沉重的代价。旅游业的实践要求有与之相适应的旅游安全研究。SARS

康养旅游
——多业态融合的"新蓝海"

事件之后，国内各地开始关注健康旅游。例如：福建省提出"享受健康呼吸、享受健康饮食、享受健康运动、享受健康文化"为主要内容的健康旅游；湖南省推出"十大健康旅游主题活动"；四川省以九寨沟等旅游景点为基础，大力打造健康旅游；黑龙江省以"强身健体"为主题，推出系列"绿色健康游"路线；浙江省组织了"健康浙江万人游"活动；云南省推出"神奇迷人彩云南，健康安全旅游地"的系列活动。这些活动实质上都是打健康旅游牌，并且收到了良好的效果。

康养旅游
——一个规模达千亿的蓝海

2012年，攀枝花市政府率先提出发展"阳光康养旅游"，建"中国阳光康养旅游城"，并编制《中国阳光康养旅游城市发展规划》，标志着国内康养旅游的开端。2016年1月，国家旅游局发布《国家康养旅游示范基地》行业标准，明确了康养旅游的概念与示范基地的标准。2017年，国家五部委联合发布《关于促进健康旅游发展的指导意见》，进一步推动健康旅游业的发展，加大对康养旅游产业的政策支持。

任务思考

我国的健康旅游经历了哪几个过程，分别有哪些代表性事件？

任务二

康养旅游概述

任务目标

1. 了解健康的内涵及其影响因素。
2. 掌握康养旅游的特点、作用。
3. 能够与小组成员进行良好的沟通，具有团队合作意识。

任务分析

中华人民共和国文化和旅游部印发的《"十四五"文化和旅游发展规划》中，提出要旅游与康养等产业融合，提倡发展康养旅游新业态，并配套相关政策文件，康养旅游迎来重要机遇。产业发展需要人才支撑，认识康养旅游的相关概念对于提升相关领域工作者的科学认识和开展康养旅游具有重要意义。

本任务是康养旅游基础课程的核心任务，对后面项目的学习起着基础性作用。一方面，参考各种文献资料，从各位专家对康养旅游的各种定义中博采众长，总结出健康旅游的概念；另一方面，从专业融合的角度研究两个产业的结合点，以发展的眼光来探究康养旅游的特点和作用。

任务操作

一、康养旅游的概念

旅游活动能够改善人们的身体健康状况已经得到大众的广泛认可，随着康养旅游的发展，逐渐衍生出一些相关概念，如健康旅游、康体旅游、保健旅游、健身旅游、休闲旅游等。

知识拓展

关于康养旅游的概念，有代表性的观点如下：

① 郭鲁芳认为健康旅游是一个综合性的概念，一切有益于现代人消除第三状态（亚健康状态）、增进身心健康的旅游活动都可归入健康旅游。

② 罗明义认为康体旅游是指能够使游客的身体素质得到不同程度改善的旅游活动。

③ 陶汉军认为保健旅游是以疗养或治疗疾病及增进身体健康为主要目的的旅游。

康养旅游新模式：
什么是康养旅游？

④ 王兴斌认为健身康复型旅游是以康体健身、养生医疗为主要内容的旅游活动。

⑤ 薛群慧等认为健康旅游是一种以生态环境为背景、休闲养生活动为主题的专项旅游产品，也是利用中医养生、现代医学、心理疏导，以及各种有益于身心的艺术、运动、学习等方式开展旅游健身的活动。

⑥ 穆勒（Mueller）和考夫曼（Kaufmann）认为健康旅游是指人们以维持和促进健康为目的外出旅行和停留所引发的一切关系和现象的总和。

⑦ 卡斯帕尔认为康养旅游是旅途中的所有环节、经历和居住地点都要有利于保持或者改善身心健康状态。游客要求住在特殊的酒店内，能够接受有关健康的专业咨询并享受个性化服务。游客要求旅游地能够提供所有的改善身心的服务，包括健身、美容、营养、食疗、放松、陶冶性情、调解等。

关于康养旅游的概念具有较高的一致性，都是从游客的角度来诠释健康旅游的定义的，即认为有利于提高和改善游客身体健康状况的旅游活动均可视为健康旅游。但在一致的基础上可以把上述概念分为两种趋向：一是认为只要是在旅游过程中能够提高和改善游客身体健康状况的活动均是健康旅游，强调提高和改善游客身体健康状况只是旅游活动的结果；二是认为只有以提高和改善游客身体健康状况为目的进行的旅游活动才是健康旅游。而从宏观上看，健康旅游不应该只强调提高和改善游客的身体健康状况，还应该包含以下3点：①旅游目的要健康，健康旅游活动的目的不应只是注重感官的享受，更应强调自身素质和文化内涵的提高；②旅游过程中的旅游行为要健康，不应破坏自然环境和地方文化；③旅游效果要健康，既能够改善游客的身体健康状况，又能够促进地区自然和社会的健康发展。

《国家康养旅游示范基地》（LB/T 051-2016）对康养旅游做出定义，即康养旅游指通过养颜健体、营养膳食、修心养性、关爱环境等各种手段，使游客在身体、心智和精神上都达到自然和谐的优良状态的各种旅游活动的总和。这一概念能够说明健康旅游的本质：既不片面强调旅游的目的性，又能够体现健康旅游的特点；既不刻意扩大健康旅游的范畴，又明确了健康旅游与其他类型旅游活动的区别。

二、康养旅游的特点

康养旅游的研究大都从旅游发展的某一角度来论述，如从生态旅游、养生旅游、森林旅游、温泉旅游、运动旅游等研究角度来界定健康旅游及其旅游产品。对健康内涵的认识也仅仅局限于该领域的研究范围，康养旅游的边界也不够清晰。但综合各家研究之长，康养旅游的特点可以归纳为生态性、复合性、康复性、文化性、技术性、收益性六大特征。

（一）生态性

生态性是指生物同环境的统一。在宏观上，生物的个体与群体对环境条件的依赖性是绝对的，康养旅游各项活动的开展必须依赖特定的生态环境条件。比如：森林旅游要依靠地热资源；滨海康养旅游需要借助阳光、海洋、沙滩等环境条件；温泉旅游需要地热资源作为前提条件。健康活动的开展对生态环境的依赖性较强，且要求较高。它通常利用自然环境对健康的有利因素，让人们回归自然，以达到安抚身心的作用。森林康养旅游、温泉康养旅游、运动游憩旅游等健康旅游对生态环境的依赖性，都体现了康养旅游的生态性特点。

（二）复合性

康养旅游将养生、医学、运动、心理疏导、美容、体验等元素注入旅游"食、住、行、游、购、娱"六大要素的复合型旅游产品中，康养旅游产品必须依靠景区、酒店、旅行社、疗养机构、医院、休闲农业、林业等机构共同协作才能运作。因此，康养旅游具有产品复合性、资源复合性的特点。一方面，康养旅游产品的复合性主要表现在以下三种形态中：一是在原有旅游业态中增加健康元素、项目，形成康养旅游线路、景区、住宿等产品，属于旅游业内部融合的结果。比如温泉、SPA、运动、餐饮、推拿等多种产品、多项活动的组合，它集休闲、度假、康体于一体。二是康养旅游业与其他行业的融合，是康养旅游与医疗、体育、农业、林业、养老等行业融合的结果，出现了兼具多个行业特征的新型复合旅游业态。三是上述两种产品的综合体。康养旅游产品是第一种和第二种类型康养旅游产品的结合，兼有两种产品的特征，但并不是简单地相加，而是在这两种产品的基础上集成创新的结果。另一方面，健康旅游资源是由多种资源、多类服务、多项活动组合而成的结果。康养旅游是自然旅游资源和人文旅游资源结合的产物，也是旅游业和医疗资源、养老机构、休闲农业、文化产业等联动的结果。

（三）康复性

康养旅游能够使人们的亚健康状态得以改善，这已经得到医学的证实。德国的"克奈普疗法"就是利用森林环境作为运动治疗的主要场所，它是运动治疗的五大支柱治疗法之一。森林浴是一种通过走进森林、呼吸清新空气和感受大自然的美好来缓解压力和提升健康的方式。森林浴对人体的心理健康效应是森林环境保健因子（空气中的负离子、植物精气、森林景观、气候舒适度）与森林游憩活动共同作用的结果。温泉康养旅游是依托温泉，通过温泉对健康的有利影响，加上养生保健的方法，以达到健康的目的。户外游憩也是利用各种自然资源条件达到锻炼身体、减轻心理压力的目的。游客可以通过康养旅游方式达到身心健康的目的。

科学研究表明，郊外散步、爬山、看风景等健康旅游活动是一种自清运动，能主动、积极地把填塞的心理污染清除，提高人体免疫能力、抵抗能力和治愈能力，最终实现人体健康。康养旅游能够改善人们的工作、生活质量。康养旅游最大的功能是减轻人们的生活压力，使人们有机会放慢生活节奏，享受生活的乐趣，尽可能地接近自然，并拥有一份安静，从而提高工作效率。康养旅游不仅能使游客在旅游过程中享受健康的旅游方式和环境，更能把康养理念植入游客的心里。拥有健康的身心正是游客享受旅游的本质追求。

（四）文化性

康养旅游具有浓厚的文化特征。康养旅游的产品创意设计素材、宣传推广手段、从业人员培训主题、健康环境营造等与养生文化、健康理念密切相关。而研究和探求健康和养生文化的基本特征，绝不能囿于人体生物模式之中，而必须结合社会文化、政治经济、哲学艺术等方面因素加以综合考察。健康旅游的文化性还体现在康养旅游产品和项目中都渗透着健康价值观、健康理念、健康环境等，进而强调从思维方式的层面唤起公众对健康的重视，从而影响其行为方式，达到改善游客健康状况的目的，并将这种健康素质提升的成果以文化形式固化并延续。

（五）技术性

康养旅游是一种人才密集、知识密集、技术密集、资金密集、风险密集、信息密集和产业密集的行业，也是医药制造业、现代信息技术、公共软件服务与旅游业结合的产业。比如：医疗旅游使游客得到了医疗保健服务，改善了身体健康状况；尖端体检旅游使游客可以预先知晓身体的实际情况，及时发现身体未来可能发生的问题，找到正确、预防性的诊疗方法，从而提高自身的健康水平；中医养生旅游，可以利用中医的诊疗技术调理游客的身体；森林浴、温泉康养旅游、户外游憩、园艺疗法等保健疗法，都需要养疗或医疗技术、保健手段才能使游客达到身心康复的目的。

（六）收益性

康养旅游产品的价值分为主体价值和附加价值。其主体价值是指康养旅游的核心服务项目，如使游客获得健康的康复运动、生态养疗、休闲养生等；其附加值则是指康养旅游的辅助服务项目所带来的使游客获得额外满足的其他效用，如景区观光、购物、休闲与娱乐等活动。

康养旅游产品是投入产出比较高的旅游产品。通过增加健康技术含量、养生文化价值、高品质服务等，创造出的新价值比一般的旅游产品要高，能够满足游客更多、更高的康养旅游消费需求。一般而言，游客愿意支付等值的价格，从而为旅游企业带来高回报和高收益。目前，医疗健康旅游已被公认为是增长最快、附加值最高的新兴产业之一。

三、康养旅游的作用

随着人们生活水平的提高，旅游成为生活的必需，将其和强身健体结合起来以提高人们的身体素质，将更受人们的青睐。

（一）有利于国民素质的提升

健康是最关键的国民素质，人民健康是民族昌盛和国家富强的重要标志。随着社会经济的快速发展，城市居民的生活水平得到了显著提高，然而，城市居民也面临着工作压力大、生活节奏快、营养不均衡、环境污染严重等问题，导致大量的城市居民身心疲劳、体质下降、

康养旅游为
幸福生活加码

长期处于亚健康状态。人的身心健康成了关乎个人、家庭和国家的重大问题，健康的体质和健全的心智就成了人们追求的终极目标。健康旅游与服务在提高游客身体素质、减轻游客心理压力等方面，具有积极的促进作用。健康旅游能够改善人们的工作、生活质量，成为提高国民健康水平的一种途径。

（二）有利于生态旅游资源的综合利用

在经济高速发展的今天，我国面临着人口老龄化、亚健康人群剧增、身心疾病增多等严峻挑战，迫切需要在合适的生态环境中调整紧张的生活方式，培养新的休闲健康生活方式，进而改善身体状况，提高生活质量，更好地享受生活。从实际上来说，健康旅游产品在节能增效、环保方面比一般的旅游产品更具有优势。健康旅游能凸显生态环境对人体与心理健康的调节和改善作用，其产品可以实现对生态资源的整合，使生态资源产生良好的经济效应、社会效应与生态效应。健康旅游将在生态旅游资源的综合利用方面开辟新的路径，因为健康旅游的开展可以促进资源的充分利用和共享。

（三）促进旅游业升级转型

健康旅游具有就业容量大、创汇多、连带性强等特点。近年来，作为一种健康旅游方式，健康旅游展现出了强大的市场潜力，成为继观光、休闲度假、体验旅游之后的一种全新的旅游方式。

💡 任务思考

1. 康养旅游的概念、特点及作用。
2. 康养旅游是否只是针对老年人的旅游形式？

任务三

康养旅游的构成要素

💡 任务目标

1. 能够正确识别健康旅游者。
2. 能够对健康旅游资源进行分类，认知不同的康养旅游产品。

3. 能够结合健康旅游产品的健康功效，针对不同细分市场设计康养旅游活动。
4. 在产品设计中树立健康意识、环保意识、文明意识。

任务分析

国家旅游局在2016年发布的《国家康养旅游示范基地》标准中，将康养旅游表述为通过美容养颜健体、营养膳食、修心养性、关爱环境等各种手段，使人在身体、心智和精神上都达到自然和谐的优良状态的各种活动的总和。同时，康养旅游是将医学、保健、养疗技术渗透到旅游活动的一种休闲方式，能有效推动酒店、交通、购物、健身等相关产业要素的发展。

本任务首先从辨识健康旅游者入手，分析不同类别的康养旅游者；其次认识康养旅游资源，并对其进行分类；再次了解健康旅游产品，对不同的康养旅游产品进行分类分析；最后认识康养旅游的效果。

任务操作

一、康养旅游者

旅游者就是暂时离开常驻地，通过游览、消遣等活动，以获得精神上的愉快感受为主要目的的人。从这一定义出发，根据健康旅游的本质，提出康养旅游者的定义：康养旅游者是指以维持和促进健康为目的，通过体检、医疗、康复、健康休闲和度假等活动以获得生理上、心理上健康的人。

知识拓展

康养旅游者的分类

根据年龄标准划分，康养旅游者可分为中青年康养旅游者和老年养生度假旅游者。

① 中青年旅游者（25～60岁）：主要指大都市、经济发达地区的人均消费较高的人群，特别是都市白领阶层，他们对于走出办公室去享受大自然是极为推崇的。这些白领阶层受教育程度普遍在大专以上，对于健康休闲、度假的需求较高，是生态健康旅游的主力军。

② 老年养生度假旅游者（60岁以上）：也称为"银发族"，他们身体大多有劳损、慢性疾病，所以对健康问题很重视，同时他们也是对养生、健康需求较强烈的群体。这些老年旅游者大多计划每年6～8月份到山清水秀的地方旅游，少则十天半月，多则一至两个月，而且往往是夫妻、亲戚、朋友结伴同行。

依据消费层次划分，康养旅游者可以划分为高端、中端、低端康养旅游者。

① 高端康养旅游者：国内高端消费人群拥有相当财富、身份和地位，是处于财富金字塔上层的那部分人群，他们或拥有雄厚的经济资源，或占据独特的优势资源，不断创造更多的物质财富，作为社会上层，他们拥有特质化的价值取向，主要表现在对健康、人文内涵、生态环境、私密性、服务等方面的特别关注，是高端、豪华型健康旅游产品的消费人群。

② 中端康养旅游者：中端康养旅游的消费者主要是中产阶级群体。中产阶级刚脱离为生存而奔走的状态，尽管手头有丰厚的可支配收入，但并没有达到富裕阶层消费水平。他们对身份比较在乎和敏感，消费对中产阶级有超过物质满足的意义，他们更倾向于用消费增强身份和社会地位的归属感。同时由于部分人的身体出现了亚健康的状况，所以越来越多的中产阶级愿意为身心健康消费，加上他们对自己的生活品质也很重视，就成为中端健康旅游产品的重要消费群体。

③ 低端康养旅游者：包括农民、农民工、下岗工人等，他们组成庞大而复杂的低端健康旅游消费者群体，但从某种意义上来看，他们又是国内主流消费群体。由于支付不起昂贵的费用，他们经常退而求其次，只消费低端产品。他们也有健康旅游的需求和期待，也想通过健康旅游项目调整失衡的身心，但往往对高昂的健康旅游消费望而却步，只能选择价格低廉的农家乐旅游或者不需要买门票的景区、景点去休闲、娱乐。他们的消费更多地想证明自身的重要性，很多旅游企业针对这部分群体的需要而提供低端健康旅游产品，得到了相当丰厚的回报。可见，这部分群体是健康旅游不可小觑的消费大军。

根据旅游目的划分，康养旅游者可分为休闲度假型康养旅游者、康复疗养康养旅游者、自我实现型康养旅游者。

① 休闲度假型康养旅游者：由于不健康的生活方式，一些人处于亚健康状态，休闲度假旅游成为人们进行自我调节的重要手段，并逐渐成为健康旅游活动的主要形式。通过森林浴、温泉康养旅游、户外游憩、滨海度假旅游、养生文化休闲等来缓解亚健康的状态，已经成为部分旅游者的一种生活方式。如"滨海养生之都"墨西哥坎昆，它依托气候优势发展滨海养生度假业，集气候养生、水疗养生、运动养生、海钓养生、海产食疗养生于一体。

② 康复型康养旅游者：康复型康养旅游者以治疗、康复、体检、医疗养生养老为目的，这种治疗或康复可以是生理上的。例如，瑞士养生品牌"蒙特勒"在健康旅游这方面对人类有非常大的贡献——借助羊胎素这样一个契机和资源，提供抗衰老治疗，主要针对各国的知名人士，这部分群体的人均消费可超过百万美元。再如，韩国首尔的一条街上大概有200家美容养颜机构，为各国游客提供专业、优质的服务。

③ 自我实现型康养旅游者：他们把健康旅游作为一种心理宣泄的理想出口和调节身体

状况的理想活动，以探索未知世界、挑战身体极限、最大限度地发挥身体的潜能、追求惊险刺激为目的。自我实现是人们最高层次的需求，而探险旅游则是人们自我实现的一种有效形式。按照探险对象的不同，探险旅游分为登山探险、洞穴探险、峡谷探险、沙漠探险等旅游项目。

二、康养旅游资源

根据中华人民共和国文化和旅游部颁布的《旅游规划通则》，自然界和人类社会凡能对旅游者产生吸引力，可以为旅游业开发利用，并可产生经济效益、社会效益和环境效益的各种事物现象和因素，均称为旅游资源。根据这个概念，本书将康养旅游资源定义为：凡是自然界和人类社会能对健康旅游者产生吸引力，可以为旅游业开发利用，并可产生经济效益、社会效益和环境效益的各种事物现象和因素。康养旅游资源是旅游活动的客体。康养旅游资源有广义和狭义之分。狭义的康养旅游资源指有形的康养旅游资源，包括有益健康的自然旅游资源和人文旅游资源；广义的康养旅游资源指除有形的旅游资源外，还包括康养旅游服务、养生、文化、保健方式等无形的旅游资源。本书所指的康养旅游资源是广义的康养旅游资源。

三、康养旅游产品

康养旅游产品可分为三种类型：①资源依托型康养旅游产品。这一类产品是在原有旅游业态中增加健康元素、项目，形成康养主题酒店、康养旅游景区、康养休闲农业区等康养旅游产品，它是旅游业内部融合、创新的结果。②产业融合型康养旅游产品。它是康养旅游业与医疗、体育、农业、养老等行业融合而出现的兼具多个行业特征的康养旅游产品。③综合型康养旅游产品。它是资源依托型和产业融合型两种康养旅游产品的综合体，兼具两种产品的特征，但不是简单地叠加，而是在这两种产品的基础上集成创新的结果。

（一）资源依托型康养旅游产品

此类产品是依托旅游资源或旅游原有业态进行产品创新的结果。它利用森林公园、景区的温泉、滨海湖泊、河流、花园、草场等资源，开展森林浴、SPA、养生运动、园艺疗法等项目，形成森林康养旅游、温泉康养旅游、滨海康养旅游、户外游憩运动、园艺养生旅游等产品。例如，森林康养旅游是让游客沉浸在森林空气环境中进行的一种游憩活动，它主要通过人的肺部吸收森林植物散发出来的具有药理效果的植物精气和森林空气中浓度较高的空气中的负离子，达到改善身体状况的目的。深受游客喜爱的温泉康养旅游是让游客在温泉中得到生理的、心理的享受和康复的活动，它是身心升华的一种旅游方式。比如日本的温泉已经从单纯的洗浴观光功能演进到医疗保健功能，其温泉保养地因环境特性、温泉水质等的不同而衍生出不同类型的温泉保养地。

（二）产业融合型康养旅游产品

康养旅游产业的多样性决定了产业融合的必然趋势。从产业资源的供给看，它整合了医疗、养生、休闲农业、老年机构等资源，培育出的新型康养旅游产品有以下 5 类。

① 医疗旅游产品。它依托高水平医疗机构，为康养旅游群体提供集医疗、保健、预防、康复、养生于一体的个性化服务，同时利用专业的医疗资源为游客制订适合其需要的旅游项目和健身方式，如瑞士的抗老养生青春之旅、韩国的整形美容旅游、日本的体检旅游等。

② 疗休养康养旅游产品。它是在现代医学、中医、营养、运动等结合的基础上形成康复、疗养方案；也可适时推出休养旅游、康复旅游、中医中药旅游等康养旅游项目，将康养旅游与游览风景名胜相结合，使游客在休养、康复过程中能轻松自如、兴趣盎然地旅游。

③ 康养休闲农业旅游产品。它凭借乡村优越的自然环境和休闲农业资源，在有条件的乡村中开展健康、养老旅游活动。例如，在山清水秀的浙江临安乡村地区，已经自发形成了养生旅游目的地。

④ 心理康复旅游产品。它依托心理咨询机构，开展心理疏导型休闲旅游活动，把健康旅游作为一种减压、调节心情的治疗手段和方式，让更多的人达到心理康复的目的，这对于那些讳疾忌医的人不失为一种比医院、心理门诊更容易接受的康复方式。

⑤ 老年保健旅游产品。它依托老年健康机构，整合相关资源，设立一个适合开展医疗、康复、养生的老年康养旅游机构，为老年人特别是有特殊病和慢性疾病的老年人进行康复治疗，从而达到养生保健的目的。例如，美国的 CCRC 社区（Continuing Care Retirement Community）涵盖了老年生活的各个部分，兼顾了衣食住行、医疗健康、心理关照、自我价值再认识和社会生活等内在的需求，它营造的是老年人退休以后的健康生活方式。

（三）综合型康养旅游产品

综合型康养旅游产品是在上述两种康养旅游产品的基础上构建的，具有多重产品、多种产业的特征，是其与旅业内部产品融合和多个产业结合的健康旅游产品。这类产品实现服务资源的统一整合，坚持协同发展理念，使康养旅游发展在产品复合、空间复合、投资复合、功能复合、市场营销复合、品牌复合等方面实现高度一体化和系统化，并依靠这样复合型系统实现创新发展。例如，瑞士私立医院除了具有先进的诊疗技术、洁净的空气和水质外，还引入星级酒店标准的个性化服务，吸引国内外政要、世界名流到瑞士体检或就医，把治病变成一种享受和放松，把医院、疗养、保健和度假四者结合到一起，构建了瑞士抗老健康旅游的新模式。

四、康养旅游效果

当今社会人们对健康的追求，不仅仅是没有疾病、体格强健，而是进入物质和心理的各个层面。健康意味着人体生理和心理各个方面处于良好的状态，意味着周围生态环境的协调与平衡。

旅游是修身养性之道，旅游有益于人们的身心健康，能够对人们的心理和身体进行疗养。随着中国旅游业的持续、健康、快速发展，会有越来越多的游客通过健康旅游获得更好的医疗和康复条件。

人们常说的身体亚健康状态，就是指人体处于健康与疾病之间的一种状态，在现代城市白领中尤为突出。药物无法解决"亚健康"状态的所有问题，而健康旅游针对亚健康人群开出了一剂良方，它是整合了生态与休闲的一种有益于身心健康的旅游形式。

旅游和健康，互为表里。康养旅游适应了人们旅游观念的改变和对健康的追求，拓展了旅游方式，丰富了旅游的内涵，是未来旅游业发展的一个方向。康养旅游是一种可持续的旅游发展理念，发展健康旅游，既可以满足游客的身心健康需求，又能够让旅游地的生态环境得到改善，包括自然环境和社会环境的改善，使旅游地经济进入循环经济的发展阶段。

扫一扫，获取课件资源

 任务思考

1．如何辨别旅游者是否为康养旅游者？
2．康养旅游的构成要素有哪些？
3．试分析舟山市康养旅游资源的类型。
4．请对舟山市康养旅游进行市场定位。

项目总结

本项目的主要任务是在学习康养旅游发展历程的基础上，概括总结出康养旅游的概念、特点和作用，进而分析康养旅游的构成要素，明确康养旅游者的定义，分类研究康养旅游资源、康养旅游产品和康养旅游效果。通过对本项目中三个任务的学习，学习者能够对康养旅游有一个综合的认识。

项目实践

本次实训需在浙江省内任选一个地市作为任务实施对象,可以是学生的家乡城市,也可以是学生认为康养资源条件突出的地市,分析其康养旅游资源特点及市场定位,识别康养旅游者,分析其旅游需求和动机,从而完成康养旅游产品的开发设计。建议以小组为单位共同完成某地康养旅游细分市场的识别和定位,并撰写纸质报告。

实训任务

本次实训需要完成以下两项任务。

任务一:以浙江某地市为实施对象,针对该地市的康养旅游资源进行资料收集、整理、分类,帮助其识别康养旅游细分市场。

任务描述:浙江省康养旅游资源丰富,请结合浙江省疗养线路,分析当地康养旅游资源的种类、特点及优势,从而识别其康养旅游细分市场。

任务二:学生自选一类康养旅游细分市场,初步进行康养旅游产品的开发设计。

任务描述:某地市康养旅游资源丰富,康养旅游细分市场较多,学生可以任选其中一类细分市场,结合康养旅游者的旅游需求及动机,初步进行康养旅游产品的开发设计。

实训步骤

(1)完成课前自学,结合知识拓展及网络学习平台,储备相关知识。

(2)本次实训拆解为两项任务,请逐一完成。

(3)实训过程中可采用线上线下混合学习的方式,以小组为单位共同完成,可采用头脑风暴法进行资料的收集、整理和分析。

任务考核

项目二任务考核表见表2-1。

表2-1 项目二任务考核表

考核内容	非常优秀	优秀	良好	合格	不合格
按时完成任务情况					
搜索整理信息能力					
小组团结协作能力					
小组汇报展示能力					

续表

考核内容	非常优秀	优秀	良好	合格	不合格
小组成果创新能力					
任务考核分值建议	非常优秀（90~100分）、优秀（80~89分）、良好（70~79分）、合格（60~69分）、不合格（59分及以下）				

注：根据小组任务实施情况，结合表中考核内容完成小组任务考核评价。

课后提升

典型案例1

印度政府出台多项政策扶持其国内康养旅游发展，还为此专门组建国家医疗保健旅游局，组建三个次级委员会分别负责签证、认证服务和营销，共同促进健康旅游发展。此外，专门构建制度框架。通过印度旅游部2017年至2018年的报告可知，健康旅游的作用在于可以通过旅行维持人们的健康和幸福感，缓解生活压力。印度旅游部已经发布关于促进健康旅游的指导方针，包括高质量宣传材料、机构建设、服务人员培训、财政支持、健康旅游交易会和博览会路演等相关内容。除此之外，印度政府积极拓展海外市场，通过制作宣传册、音像制品、电影和其他宣传材料，将印度的健康旅游推广到国际市场，譬如伦敦、伊斯坦布尔、柏林等。

请结合印度旅游和医疗资源情况，分析印度开展健康旅游的主要产品有哪些？

项目三

森林康养旅游

项目导读

森林康养旅游是在 20 世纪 50 年代兴起的保护绿色的浪潮中产生的一种旅游形式,也是当前旅游界的热门话题之一。近年来,随着旅游业的发展和林业产业结构的调整,森林康养旅游开发日益受到重视,森林公园也应运而生,发展十分迅速。

思维导图

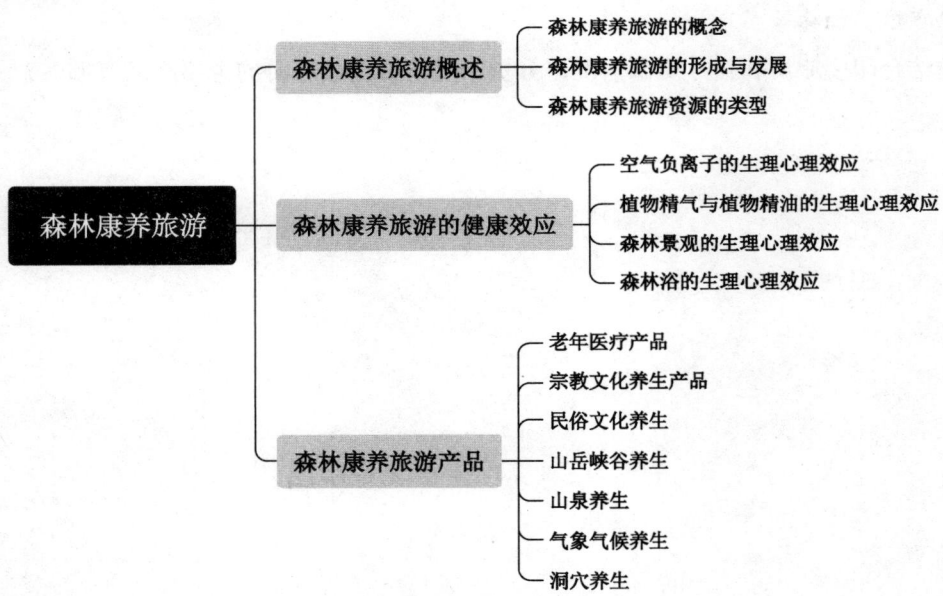

案例导入

荷兰东部阿纳姆有一家森林医院,建筑占地面积不大,却通过悬挑获得了 14 000 平方米的巨大空间。该建筑错综复杂——透明性、连续性、层次感、多样性、光影、大自然体验,这些共同构成了这个友好、开放、可在原生自然环境中活动的疗养之地。这家森林医院分为三层,包括办公室、诊所、体育馆、游泳池、餐厅和剧院等。这家森林医院也可以看作是一个公共景观,通透的玻璃与环境无缝连接,森林触手可及。天井和各种挑探形成多重空间,并使得自然光深入建筑 30 米进深。森林医院建筑通过降低能耗、采用可持续材料、使用长寿材料以减少维修费用的方式严格遵循可持续发展的理念。

这座森林医院建筑多采用透明玻璃,利于采光;社区轻量体育设施齐全,病人可以利用这些设施做一些简单而有效的锻炼;一个浅木楼梯连接各层的建筑,心房和天井的空间可以让自然光穿透,不仅节能而且丰富了视觉上的体验,更利于病人疗养。

任务一
森林康养旅游概述

任务目标

1. 了解森林康养旅游的形成与发展。
2. 认识森林康养旅游资源的类型。
3. 理解森林康养旅游资源的健康效应。
4. 熟悉并掌握森林康养旅游产品的开发与设计要点。

任务分析

本任务是该项目的第一个任务,完成本任务的学习有利于帮助学生初步了解森林康养旅游资源的基本类型及特征,理解其对人类的健康效应,从而完成森林康养旅游产品的开发与设计。

任务操作

森林以其丰富的自然景观、良好的生态环境、诱人的野趣及独到的保健功能吸引着众多的游客。森林旅游受到了世界各国政府的高度重视。美国是森林旅游起步较早的国家,早在 20 世纪 50 年代末,森林旅游在美国就已经有了相当的规模。

一、森林康养旅游的概念

现阶段，国内外专家学者对森林旅游基本概念的界定众说纷纭，以美国学者R·道格拉斯（Douglas）为代表的一批学者首先提出了被人们广为接受的森林旅游概念，即指任何形式的到林区（林地）所进行的旅游活动。顾名思义，这些活动不管是直接利用森林资源还是间接利用森林资源，都可以称为森林旅游。本书认为森林康养旅游指的是直接或间接利用森林资源，以森林、湿地、荒漠、野生动植物及生态环境为主要载体和依托，为游客提供游览观光、休闲度假、健身养生、文化教育等旅游活动，属于生态旅游的范畴。

二、森林康养旅游的形成与发展

森林康养旅游以传统的森林旅游为基础，是一种更加注重健康效应的森林旅游活动。森林康养旅游作为一个新兴产业，它是在不采伐、不破坏森林的条件下充分发挥森林的生态功能，并且越来越受到各国游客欢迎和重视的一种生活方式。

我国的森林旅游起步于20世纪80年代，以1982年9月我国第一个森林公园——湖南张家界国家森林公园的建立为标志。

1980年8月，林业部印发《关于风景名胜地区国营林场保护山林和开展旅游事业的通知》，推动我国森林旅游迈出了第一步。

1994年，我国颁布实施了《森林公园管理办法》（已废止）。1996年底，我国已建立不同类型、不同层次的森林公园811处，年吸引游客5 000多万人次。1999年开始，我国不少专项森林旅游产品得到初步开发，其表现形式更是多种多样。截至2012年底，全国共建立森林公园2 855处，规划总面积1 738.21万公顷。9个省的森林公园总数超过100处。2012年，2 372处森林公园（含白山市国家森林旅游区）共接待游客5.48亿人次（其中海外游客1 541.6万人次），占国内旅游总人数的18.5%，直接旅游收入453.3亿元，分别比2011年度增长17.1%和20.4%。2012年全国森林公园创造的社会综合产值达4 200多亿元，形成了以森林公园为主体，森林公园、湿地公园、自然保护区旅游小区、林业观光园、狩猎场等其他类型森林旅游景区协同发展的森林旅游发展体系。

伴随着森林旅游的发展，我国的森林旅游人数也相应呈现出不断增长的趋势。统计显示：自1993年起，我国森林公园的游客接待人数就保持两位数的年增长率；2002年，全国森林公园游客接待人数首次突破1亿人次；到2010年，全国森林公园年接待游客3.96亿人次，占国内旅游总人数的18.8%。据国家林业和草原局原总经济师杨超介绍，"十二五"

以来，全国森林旅游游客量保持了15%以上的年增长速度。2017年上半年，森林旅游游客量接近7亿人次，同比增长16.7%，森林旅游业迎来了前所未有的发展机遇，正式进入形成与全面发展时期。世界旅游组织也指出，21世纪将是生态旅游的世纪。

三、森林康养旅游资源的类型

（一）森林小气候

森林中的气候，无论春夏秋冬，永远比森林外温和，夏避酷暑，冬化严寒，旅游舒适期长（我国南方森林旅游区一般为15～193天）。

森林小气候的健康效应

（二）森林空气洁净

森林通过光合作用和新陈代谢，可吸收大量的二氧化碳，并释放新鲜的氧气。许多树木可吸收二氧化硫、一氧化碳等有毒气体。当气流经过树林，空气中的部分尘埃、油烟、炭粒和铅、汞等重金属污染物质能被植物叶面上的绒毛、皱褶和黏液吸附住，从而使空气得到净化。每公顷阔叶树林每年可吸附60 t尘埃和废气。森林空气中的细菌含量为0～320个/m³，个别森林会达到500个/m³；城市空气中的细菌含量为2 700～28 600个/m³，大部分城市为16 000～28 600个/m³，大大超过国家限标值3 700个/m³。

（三）森林环境中噪声低

噪声是社会的一大公害，损害人体中枢神经。森林中树冠摇晃可阻碍、消散和吸收声波。当声波进入树群和森林后，往往要经过一个吸收—反射—再吸收—再反射—多次吸收—多次反射的过程，致使声波的能量逐渐消失。故而森林是天然的隔音墙，有助于稳定情绪，增进身心健康。据测定，20～30 m宽的林带可降低噪声10 dB，40 m宽的林带可降低噪声10～15 dB。

（四）森林绿色镇静效应明显

绿色使人精神舒适，有缓和紧张、使人安静的效果，具有保护视网膜的作用。这种作用在理论上称为"绿视率"。置身于森林视觉环境中，绿色能在一定程度上减少人们肾上腺素的分泌，降低人体交感神经的兴奋性。据测定，它能使人体的皮肤温度降低1～2 ℃，脉搏恢复率可提高2～7倍，脉搏次数每分钟明显减少4～8次，呼吸慢而均匀，血流速度减慢，心脏负担减轻，并能增强听觉和思维活动的灵敏性。

（五）空气负氧离子浓度高

空气中的负离子被称为"空气维生素"或"生长素"，是森林康养旅游资料的重要组成部分，它可促进血液循环，增加心脏活力，且直接影响人体细胞的活动，具有镇静神经及消除失眠、焦虑、头痛等作用，对人体健康十分有益。

知识拓展

【知识拓展1】

森林旅游区空气中的负离子浓度时空变化特征

不同林分类型的森林环境中空气中的负离子浓度差异较大，如天目山景区不同植物群落空气中的负离子浓度的排序依次为：柳杉＞紫楠＞银杏＞毛竹。空气中的负离子浓度与温度呈显著负相关，与相对湿度呈极显著正相关，与可吸入颗粒物呈极显著负相关。水体对负离子水平的影响较大，其中动态水大于静态水，瀑布大于溪流。森林中空气中的负离子浓度还呈现出一定的日变化和年变化，如从季节上看，天目山景区空气中的负离子浓度的排序为：夏季＞春季＞秋季＞冬季，日变化表现为双峰曲线或单峰曲线，空气中的负离子浓度最大值出现在9:00～10:00，最小值出现在12:00～14:00。

【知识拓展2】

城市森林环境中空气中的负离子浓度时空变化特征

从市中心向郊区空气中的负离子浓度逐渐增大。有林地区空气中的负离子浓度明显高于无林地区，针叶林地区全年平均空气中的负离子浓度高于阔叶林地区，而春、夏季节则阔叶林地区高于针叶林地区；室内空气中的负离子浓度低于室外，但绿色植物可使室内空气中的负离子浓度增加。不同结构城市森林内空气质量按从优到劣的顺序依次为针阔混交林、人工阔叶林（仅有乔木层和灌木层）、灌草结合型、草坪。乔灌草复层结构是产生较多空气中的负离子的最佳城市森林类型，也是人们休息和健身的理想场所。

（六）植物精气含量高

植物精气是指植物向环境中释放微量的芳香味挥发性有机物，主要成分是萜烯类化合物。植物精气具有消毒杀菌、抗炎和抗癌等作用，能调整和激活内分泌功能，增强神经系统的敏锐性和兴奋性，改善人体的心理和生理状态，具有健体强身的功效，可以消除高度紧张带来的文明病，解决心理紧张、情绪烦躁、精神忧郁等问题。因此，国外兴起了芳香疗法、花香疗法、森林浴等保健活动的热潮。

中国医药工业、林产化工工业、食品工业等领域对植物精油、花卉精气的化学成分做

了大量的研究工作，比如朱亮峰、陆碧瑶出版了专著《芳香植物及其化学成分》，对植物精气的定义、组成成分及含量进行了较系统的研究。

任务思考

1. 简述森林康养旅游的形成与发展。
2. 森林康养旅游资源的类型有哪些？

任务二
森林康养旅游的健康效应

任务目标

理解森林康养旅游的健康效应。

任务分析

本任务是该项目的第二个任务，在前面的任务中，学生已经初步了解森林康养旅游资源的基本类型及特征，而本任务主要是让学生理解森林康养旅游资源对人类的健康效应，从而完成森林康养旅游产品的开发与设计。

任务操作

森林单纯提供木材的功能逐步消退，改善环境及为公众提供休闲游憩和养生场所的功能正在逐步加强，森林生态旅游开发越来越为人们所重视。

森林资源与其他旅游资源相比较，具有生态优越性、物种多样性、文化独特性、科普教育性、功能多重性、分布地带性等显著特点。山、水、草木、花、动物等，往往构成景点森林环境的自然生态，最适合养生、休闲旅游。其中，日本已经将森林养生发展成"森林医学"，德国则把森林浴场、森林疗养基地换成"森林医院"。消除和预防亚健康的最佳方式是建立自我保健模式，调整一种和谐的个体—社会—环境之间的稳定关系，创造良好的生存和生活环境，放松自己，适当锻炼，有效养生，提高免疫系统，从而达到保健和治疗的作用。而森林养生旅游能够很好地满足这一需求。树木是人类的好朋友，它可以为人们提供必需的氧气，吸收人们排出的二氧化碳，净化空气。

一、空气中的负离子的生理心理效应

根据研究，在空气质量较差、污染程度严重的环境里，空气中的负离子含量低于 50 个/cm^3，会诱发人体生理障碍；空气中的负离子含量在 1 000~2 000 个/cm^3 时，才能维护人体健康；而空气中的负离子含量在 50 000~10 000 个/cm^3 时，可增加人体免疫力及抵抗力。空气中的负离子含量与健康的关系见表 3-1。

表 3-1 空气中的负离子含量与健康的关系

空气中的负离子含量/（个/cm^3）	与健康的关系程度
<50	诱发人体生理障碍
1 000~2 000	维护人体健康
5 000~50 000	增强人体免疫力及抵抗力

空气中的负离子的生理心理效应包括以下六个方面。

（一）提高免疫力

增强机体抗病能力，抵御各种传染病的侵扰，同时可以加速创伤复原。

（二）对神经系统的影响

森林中高含量的空气中的负离子能够直接作用于神经中枢系统，提高内啡肽水平，使大脑皮层功能及脑力活动加强，使人精神振奋，工作效率提高，睡眠质量得到改善。对神经官能症、偏头痛等具有辅助疗效。内啡肽是存在于脑和神经组织里的生化物质，这种物质类似吗啡，具有镇痛和欣快作用，是天然的镇静剂和麻醉剂。

（三）具有缓解呼吸道疾病的功效

空气中的负离子还能杀死细菌及病毒衣原体，增强呼吸系统的免疫功能，防止呼吸道疾病的发生。对慢性鼻炎、咽炎、慢性支气管炎、肺气肿、肺结核、支气管哮喘及上呼吸道黏膜炎等各种呼吸道疾病均能起到缓解或治疗作用。

（四）改善心肌功能

空气中的负离子有明显扩张血管的作用，可解除动脉血管痉挛，因而空气中的负离子有利于高血压和心脑血管疾病患者的病情恢复。

（五）对新陈代谢的影响

在森林中，空气中的负离子可以激活人体内的多种酶，促进人体的新陈代谢，促进消化吸收。

（六）具有降尘、抑菌、除菌和除臭等净化空气的功能

空气中的负离子有较高的活性，并且有很强的氧化还原作用，能破坏细菌细胞膜或细胞原生质活性酶的活性，从而达到抗菌杀菌的目的。它具有和空气中的灰尘、病毒、细菌等结合的非凡能力，能除尘、灭菌，具有防病、消毒和净化空气的作用。

二、植物精气与植物精油的生理心理效应

人类利用植物精气由来已久。埃及人早就利用香料消毒防腐；欧洲人则利用薰衣草、桂皮油来镇静安神；传统中医也有"芳香开窍、通筋走络"的理论；民间则有"佩香袋""熏艾蒿"以驱虫杀菌、去邪防病的习俗。植物的天然挥发物质和从植物活体中提取的天然物质有本质区别，分别称为植物精气和植物精油，它们在医疗保健方面的运用已有数千年的历史，但对其生理心理效应的研究却是近年来才逐渐兴起的。

（一）植物精气的生理心理效应

植物精气中含有多种对人体健康有益的物质。例如，槲树的木材及叶片的精气中含有较多萜类物质及其含氧衍生物，其中α-蒎烯、柠檬烯、β-蒎烯、β-月桂烯、1,8-桉叶油素、莰烯、肉桂烯、龙脑、樟脑等具有杀虫、灭菌、镇咳、解热、消炎、抗菌、平喘、镇痛、镇静、降血压等保健功效。医学认为萜类化合物中单萜最具药用价值，但也有些报道认为植物的挥发物质对人体有毒害作用，如珍珠梅的挥发物不利于人们产生安定、松弛、愉快、舒畅的情绪。而有一些植物的自然挥发物中确实含有有害物质，如夹竹桃释放丙烯醛，但其释放量极小，远远低于危害环境和人体健康的浓度。研究发现，不同植物精气对阴性脑电波变化、心率变化、瞳孔变化等人体生理活动的作用不同，可以使人产生兴奋或镇静的效果。

（二）植物精油的生理心理效应

植物精油在商业活动中被称为芳香油，医学上称为挥发油。许多植物精油都具有清新怡人的香气，能产生镇定、放松或兴奋的效果。

三、森林景观的生理心理效应

自然景观可以使人的肌肉放松，进而达到恢复注意力的效果，其中观看海景的效果较佳。而观看山景与观看海景对于肌电图的影响也不同，海景比山景更能让肌肉放松。虚拟实境中的自然环境如真实的自然环境一样，能增加观看者的生理心理效应。室外赏花和果实采摘活动在一定程度上能够缓和人们紧张的情绪，使人们的精神状态趋于平静、放松。

四、森林浴的生理心理效应

国外（特别是日本）对森林环境及森林浴的生理心理效应开展了林学、医学、公共卫生等多学科合作研究，取得了较多的成果。20 世纪 80 年代，中国台湾学者刘华亭、林文镇系统地介绍了国外森林浴的发展情况，普及了森林浴知识，有效地促进了中国台湾森林浴活动的发展。陆玲香对 36 名尘肺患者开展森林浴康复治疗后，患者头痛、头晕、胸闷、气促、咳喘等自觉症状（除失眠外）均有明显的改善。以森林浴为手段，甘丽英对基层部队军官进行健康疗养护理。金雷对运动员赛前状态调控进行了实证研究。

（一）森林浴与人体免疫力

1. 疾病与免疫力

通俗来讲，免疫力就是自身抵抗疾病的能力。免疫是指机体对病原生物不同程度抵抗力的表现。在正常情况下，抗原物质（如细菌、病毒、寄生虫、花粉等）进入机体后，体内会产生特异性的免疫物质——抗体或致敏淋巴细胞，当同一抗原再次进入机体时，机体就可借助这种特异性的免疫物质将抗原消灭或排除，这就是机体具有的特异性免疫防卫系统。

现代人普遍工作和生活在压力巨大的环境里，思想焦虑，肢体疲劳，膳食结构不合理，不断受到噪声、辐射、空气污染及饮食污染的侵害，再加上吸烟、酗酒和不当用药等因素，导致免疫力低下，经常处于亚健康状态，患病概率越来越高，罹患恶性疾病的人数节节攀升。2022 年中国精神卫生调查显示，我国成人抑郁障碍终生患病率为 6.8%，其中抑郁症为 3.4%，目前我国患抑郁症人数 9 500 万，每年大约有 28 万人自杀，其中 40%患有抑郁症。抑郁症是精神科自杀率最高的疾病。

2. 森林浴是提高人体免疫力的优良途径

① 森林浴能提高抗癌能力。柏木精油香气能显著增加抗癌细胞的活性。

② 森林浴能降血压。

③ 森林浴能减轻心理压力。普通人群与具有明显心理症状患者对森林旅游的心理保健功能具有较高的认可度。森林浴的心理效应实验表明，森林浴能减轻受试者心理上的紧张、焦虑、抑郁、沮丧、愤怒、疲劳等，增强人类的活力。

④ 森林浴还能降低人体唾液中的皮质醇浓度。

任务思考

森林康养旅游的健康效应表现在哪些方面？

任务三
森林康养旅游产品

任务目标

熟悉并掌握森林康养旅游产品类型。

任务分析

本任务是该项目的第三个任务，完成本任务的学习有利于帮助学生完成森林康养旅游产品的开发与设计。

任务操作

森林康养旅游产品是指依托优质的森林资源和良好的森林环境，结合健康理论、传统医学和现代医学，开展的一系列有益于人类身心健康的活动和过程。养生首先在于环境。城市的废气、污染是人类生命的大敌，绿色环境与森林是城市居民养生的理想场所。养生符合健康产业的要求，是健康产业的重要内容。森林康养旅游是符合潮流的健康产业。森林康养旅游产品符合健康管理的要求，健康管理的项目成为森林养生旅游产品的重要内容。森林康养旅游是生态旅游中最受推崇的方式，包括森林宗教文化养生、森林民俗文化养生、森林山岳峡谷养生、森林温泉养生、森林气象气候养生、森林洞穴养生、森林花草养生、森林滨河养生等形式。

一、老年医疗产品

我国于1999年进入人口老龄化社会。国家卫健委数据显示，截至2023年年底，中国

60 岁及以上老年人口达到 2.97 亿，占总人口的 21.1%，预计 2035 年将超过 4 亿，占总人口的 30%以上。老龄人口猛增、高龄化和空巢化趋势明显，给中国的养老体系带来了前所未有的压力。越来越多需要护理的老年人到哪里去养老、怎么养老等问题引起了政府和社会的重视。面对老年人医疗问题的巨大经济压力，无论是个人还是政府都愿意推动中国传统的养生方法和实践活动，无疑，这将给高层次的森林养生旅游带来发展的机遇。

二、宗教文化养生产品

很多森林都有宗教庙宇，甚至是宗教圣地。依托森林和已有的宗教文化氛围，感受宗教中人与山、林融为一体的境界，从而体会人与森林息息相关的内在联系。经济的高速发展，必然伴随着科技、文化、教育、宗教的繁荣。森林中的寺庙是宗教活动的主要载体和平台，宗教文化的复兴必然会带动森林养生旅游的发展。

以武当山太极湖为例，武当山太极湖生态文化旅游区由太极湖新区和太极湖旅游区组成。太极湖新区重点发展的是旅游发展中心、武当国际武术交流中心、太极湖医院、太极湖学校和高档居住区等项目；太极湖旅游区包括旅游度假板块、水上游览板块和户外休闲板块，重点建设太极小镇、武当山功夫城、老子学院、山地运功公园、武当国际会议中心等项目，是集旅游观光、休闲娱乐、养生养老、度假于一体的综合度假区。

三、民俗文化养生

体验当地特色民俗活动（放河灯、龙舟赛、凤舟赛、山歌对唱、狩猎、农闲娱乐等），融入当地生活，体验一种接近自然的生活方式，达到放松心灵的目的。

扫一扫，
获取课件资源

四、山岳峡谷养生

观光林中有变化多端的山岳的地形地貌和沟谷及其覆盖的多样化的植被，能够养眼静心，通过与山岳相关的活动，真正感受山与生命的互动。

五、山泉养生

依托林区或林区附近分布的天然温泉、冷泉、其他奇特山泉等进行养生活动。

六、气象气候养生

看日出赏日落，感受日出而作、日落而息的自然节奏，达到淡泊名利、纯净心思的目的。

七、洞穴养生

利用林区独特的溶洞、山洞，可开发穴居和辟谷养生相结合的旅游产品。

此外，还有森林健身——登山、攀岩、滑雪、骑山地自行车、游泳等；森林保健——森林浴、森林疗养等；森林花草养生，森林滨河养生；等等。

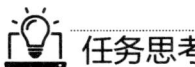

任务思考

森林康养旅游产品的类型有哪些？

项目总结

本项目的主要任务是在学习康养旅游基本概念的基础上，重点学习资源依托型森林康养旅游的概念、健康效应及产品类型。

项目实践

本次实训需调研分析浙江省内森林康养旅游资源的分布，并结合地域特色，思考如何开发设计相应的森林康养旅游产品。

实训任务

本次实训需要完成：以浙江某地市为背景，针对该地市的森林康养旅游资源进行资料收集、整理、分类。

任务描述：学生了解并搜集浙江省内森林康养旅游资源，并结合地域特色，思考如何开发设计相应的森林康养旅游产品。

实训步骤

（1）完成课前自学，结合知识拓展及网络学习平台，储备相关知识。

（2）本次实训拆解为两项任务，请逐一完成。

（3）实训过程中可采用线上线下混合学习的方式，以小组为单位共同完成，可采用头脑风暴法进行资料的收集、整理和分析。

任务考核

项目三任务考核表见表 3-2。

表 3-2　项目三任务考核表

考核内容	非常优秀	优秀	良好	合格	不合格
按时完成任务情况					
搜索整理信息能力					
小组团结协作能力					
小组汇报展示能力					
小组成果创新能力					
任务考核分值建议	非常优秀（90～100 分）、优秀（80～89 分）、良好（70～79 分）、合格（60～69 分）、不合格（59 分及以下）				

注：根据小组任务实施情况，结合表中考核内容完成小组任务考核评价。

课后提升

【案例分享】

瑞士 Arosa 森林健康中心

瑞士 Arosa 森林健康中心是一个集健身、水疗等于一体，建筑面积达 27 000 平方米的酒店，它位于瑞士阿罗萨山底的馥郁丛林，呈独特的立体船帆造型。它友好地整合周围村庄、树木、山脉等视觉元素，并用"机械树"采光，使得其在夜晚格外耀眼。

瑞士 Arosa 森林健康中心内部空间分为四层。

第一层主要是健身设施，并配备了部分机械设施和衣柜，方便客人更衣。

第二层主要是设备区和治疗区，包括泳池、美容室、日光浴室、美发室、商店、卫生间和库房等。

第三层位于玻璃步行桥上，包括接待区、员工空间、衣柜、卫生间和"桑拿世界"。

第四层则是"水世界"，包括泳池、卫生间、休闲区和库房等。桑拿屋、日光浴室和泳池都可以通过外部的平台进入。

项目四

温泉康养旅游

项目导读

在新石器时代的地中海地区，人们已开始利用温泉治疗肠胃不适及其他疾病。在公元 1 世纪的欧洲，利用温泉疗疾养生的活动非常频繁。

中国古代的君王利用温泉开展形式多样的娱乐活动最早始于西周时期。周幽王曾经在骊山修建幽王城和郦宫，沐浴处"上无尺栋，下无环墙"，仰首可见星辰，名曰"星辰汤"。"骊山汤，初始皇砌石起宇"，秦汉时期，秦始皇在骊山建立了温泉宫，目的就是治疗疮伤，由此开启中国温泉养生之先河。汉武帝对骊山温泉宫"又加修饰"，证实了温泉旅游活动已经成为帝王们休闲娱乐的一部分。

温泉与旅游的结合使得温泉不仅具有疗养功能，而且具有养生、休闲、度假功能，温泉康养旅游将温泉的养生功能与休闲度假产业进行了完美的融合。温泉逐渐成为养生、休闲、度假、旅游的文化载体，既是进行健身、疗养的温泉胜地，又是放松心情、舒活筋骨的旅游目的地，给现代游客提供了一种全新的旅游体验。本项目重点在于使学生了解温泉康养旅游的健康效应，开发能够促进游客身心健康状况的温泉康养旅游产品。

思维导图

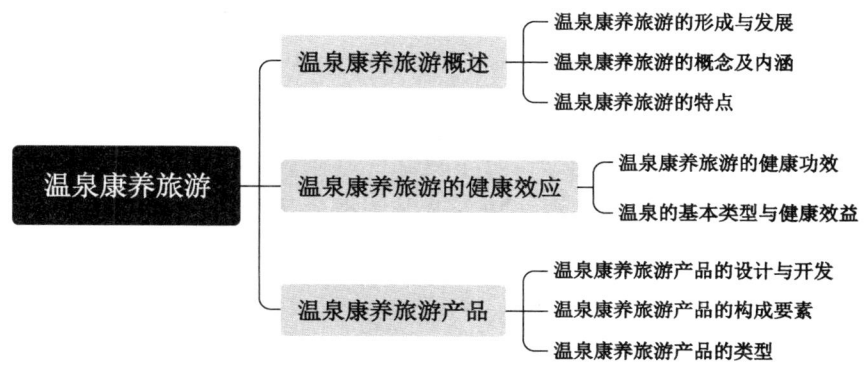

案例导入

华清池

西安华清池，南依骊山，北临渭水，区位条件优越，自然环境优美，历来是帝王将相垂青的地方，其开发利用温泉的历史可以追溯到6 000多年前，唐玄宗时期进行大规模修建，因宫建在温泉上，故名为"华清池"。白居易在《长恨歌》中描写了杨贵妃在华清池温泉沐浴的情景："春寒赐浴华清池，温泉水滑洗凝脂。"震惊中外的"西安事变"遗址就在华清池风景区内。近年来，唐华清宫遗址区域内相继发掘、出土了我国现存唯一的一处皇家御用汤池群落和我国最早的一所皇家艺术院校，并在其遗址上建起了唐御汤遗址博物馆、唐梨园艺术陈列馆，以翔实的文物资料展示出华清池6 000年来的沐浴史和3 000年来的皇家园林史。华清池通过仿唐歌舞、仿唐温泉浴室、仿唐宫廷茶道表演，以及各种名贵汤池的开发，再现盛唐场景。

任务一
温泉康养旅游概述

任务目标

1. 了解温泉康养旅游的形成与发展。
2. 熟悉温泉康养旅游的概念及内涵。
3. 了解温泉康养旅游的特点。

任务分析

本任务是该项目的第一个任务，学习该任务，有助于学生熟悉并了解温泉康养旅游的基本概念和特点，为后续的学习打下良好的基础。本任务首先对温泉康养旅游的形成与发展进行梳理，其次阐述温泉康养旅游的概念及内涵，最后阐述温泉康养旅游的特点。

温泉康养旅游 项目四

> 任务操作

一、温泉康养旅游的形成与发展

（一）国外温泉康养旅游的发展与现状

西方温泉康养旅游的发展大致经历了以下三个阶段。

第一阶段：始于罗马帝国时期以温泉疗养地为主。早在罗马帝国时期，温泉治疗疾病的作用就已受到人们的重视。1326年，第一个温泉疗养地"斯巴"（SPA）在比利时南部一个靠近列日的小镇兴起，斯巴后来演化成为温泉旅游度假区的代名词。1526年，有人著书论述了温泉对各种病症的疗效，温泉因此受到了众多"求治"民众的欢迎，温泉疗养地也在欧洲如雨后春笋般涌现。这便是今天许多温泉旅游度假区的雏形。因为温泉或矿泉具有某种特殊疗效所以吸引游客前来静养，其中，医疗专家的宣传对温泉疗养地的发展起了关键作用。此时的温泉疗养地一般设有专门的医院，提供专业的医疗服务，但功能单一，所开发的一些住宿设施和温泉浴室疗养设施都比较简陋。

第二阶段：从17世纪末开始。文艺复兴以后，伴随着欧洲各国经济的增长，资本主义自由经济得以扩张，社会政治安定，都市余暇生活整体复兴，温泉开发空前兴盛，以休闲、保养为主要目的的温泉康养旅游在欧洲得到了快速发展。这一时期，西方温泉康养旅游的对象主要是富有的上流社会，他们来温泉度假地不仅为了休闲、保养身体、娱乐身心，还为了彰显其身份和地位。为迎合他们的这种需求，温泉旅游地修建各种高档的住宿设施、娱乐设施和服务设施，所以这一时期温泉旅游地多建有戏剧院、图书馆、赛马场及供休闲散步的公园。此时的温泉旅游地不再是单一的温泉疗养场所，已演化为集治疗与休闲娱乐于一体的温泉康养旅游度假区。然而，到了18世纪末期，随着西方医疗水平的提高，温泉的疗效开始受到人们的质疑。与此同时，海水浴因具备与温泉相似的疗效而渐渐受到人们的青睐，海滨旅游随之崛起并吸引了大量游客，温泉康养旅游因此受到冷落而走向衰退。

第三阶段：进入20世纪以后。进入20世纪，随着西方工业化和城市化进程的加快，大都市生活环境日益恶化，而大众休闲康体旅游需求则快速增长，具有医疗和保健性质的温泉康养旅游此时又迎来了新的发展契机。进入这一阶段，温泉康养旅游在世界范围内得到发展，其中以欧洲、美国和日本发展最为迅速，在欧洲借由温泉疗养地达到医疗养生目的的习俗盛行。欧洲的工会团体与企业会在假期组织员工到温泉旅游地享受5～7天的旅游、疗养，并且欧洲许多国家早已将这种旅游方式视为一种维护健康的预防性措施。因此，进入20世纪的欧洲温泉强调疗养、保养身体等功能，并且以医学治疗为主。在美国，温泉疗养同样是以医疗为主的水疗，但其融入了非医疗性的运动、减肥与美容等概念，更侧重于温泉的休憩、美容、运动等功能，并结合旅馆业，使美国的温泉旅游地产生本质上的变化。作为亚洲温泉地的代表，日本是沐浴文化高度发达的国家，一般将温泉称为"汤"。日本在风景秀丽的温泉旅游区建立了许多大型的温泉健康增进设施，称为温泉馆，馆内有温泉游泳馆，配备各种健身设备和先进的健康检查仪器。1974年，日本正式引入欧洲Kurhaus技术，融入日本传统的汤浴文化及现代运动生理学，将温泉保养馆的功能加入SPA中并加以提升。日本温泉不仅有养生、疗疾、休闲、观光、娱乐等多种功能，而且在一些温泉旅游胜地，每年都会举办形式多样的"温泉节"，形成了独具日本特色的温泉文化。进入20世纪以来，温泉作为健康旅游资源在世界范围内得到全面发展。虽然各地对温泉健康效用的利用形式有所不同，但总体来说，此时的温泉旅游地普遍自然环境良好，规模不断扩大，不仅建设了高档次的康体中心，配备了现代化的疗养设备，提供了专业化的疗养医师和一流的饮食住宿服务等，还增加了现代化的休闲娱乐旅游项目，发展成为多功能综合性的大型旅游度假区。

（二）我国温泉康养旅游的发展与现状

我国的温泉资源非常丰富，可供开发利用的温泉达3 000多处，几乎遍布全国各省市。我国利用温泉也有着数千年的历史，如早在2 800多年前，骊山温泉就为先民们所开发利用。西安的华清池、北京的小汤山、南京的汤山等都是历史上有名的温泉地。自古以来，温泉作为一种对人体健康具有特殊疗效的"神奇之水"而备受人们青睐。《本草纲目》记载："温泉……气味辛、热、微毒。主治筋骨挛缩，肌皮顽痹，手足不遂，眉发脱落以及各种疥癣等症。"汉代科学家张衡在《温泉赋》中也赞美了温泉强身壮体的功效。然而，温泉多位于交通不便的崇山峻岭之中，所以鲜为一般民众所接触与了解。在古代，只有少数达官贵族才有财力和物力兴建温泉浴场，作为谈论政事及社交娱乐的场所；文人雅士在深山中寻幽探访之际，也有机会享受温泉洗浴的乐趣。

我国将温泉应用于医疗保健方面有着悠久的历史，但未能普及于一般的社会大众。中华人民共和国成立后，随着温泉医疗事业的发展，政府机关、专业工会、厂矿、部队等相继在温泉地建立温泉疗养院，其中著名的有黑龙江五大连池温泉疗养院、营口熊岳温泉疗养院、北京昌平小汤山温泉疗养院及药泉山温泉水治疗研究所等，这些疗养院尚不具备旅游功能。温泉作为旅游资源进行开发是在改革开放之后，并且大致经历了两个发展时期。

改革开放后，伴随医疗制度的改革和旅游业的发展，从市场需求出发，部分温泉疗养院开始对外开放，并由单一的休疗养功能向休闲、度假旅游发展，由此出现了第一代温泉康养旅游度假区。在这一时期，一方面，既有的温泉疗养院开始走多种方式的经营路线以接待大众游客，如设立健康疗养部门、旅馆式的高级病房或开设综合门诊。另一方面，在改革开放的前沿阵地广东，随着经济的迅速发展，温泉作为一种具有高附加值的旅游资源被开发利用，全省新建成了一大批温泉旅游度假区，如从化温泉、中山温泉等。总体看来，此时的温泉旅游度假区一般规模小，资源利用形式单一，在产品设置上仍以治疾、疗养为主，度假、休闲、娱乐类的旅游项目比较缺乏，基本上是"游泳池+澡堂"或"温泉酒店集合体"的开发模式。

20世纪90年代后期，我国加大了对温泉旅游资源的大规模综合利用开发，建成了一大批综合性的温泉旅游度假区，温泉旅游步入了成熟发展阶段，进入第二代温泉旅游度假区的开发阶段。与早期的温泉旅游开发相比，此时的度假区投资规模大、占地面积多，除满足游客基本的温泉疗养目的外，还能满足其观光、娱乐、健身、商务、民俗、探奇等方面的旅游需求。温泉旅游度假区通常建设不同风格、环境优美的大型露天温泉公园，将温泉沐浴由室内搬到室外。同时，旅游设施和旅游项目配套齐全、档次高。除了原有的住宿、饮食、歌舞厅、温泉浴池，还建有商场、骑马场、游戏室、高尔夫球场、滑草场、运动场、野战场等。此外，游客也呈多样化的趋势。温泉游客也从专门化、特殊化的消费群体向大众化的方向发展。

我国温泉康养旅游只经历了几十年的发展时间，而欧洲、日本等地温泉康养旅游的发展时间都已超过百年，其温泉康养旅游整体发展规模及模式是我国目前值得借鉴的。当前我国的温泉旅游地提供的产品多局限于观光、休闲、游憩为主的活动，对于温泉富含离子等特性的使用则非常有限，温泉休闲活动所提供的养生与健康促进功能尚显不足。

国际上许多国家对于温泉的使用已从单纯的观光休闲功能演进到具有医疗、养生、康体等功能，世界各国的温泉康养旅游地（保养地）因环境特性、温泉泉质等发展背景的不同，衍生出许多不同的类型。如果未来我国在推广温泉休闲活动时能突出健康概念，不仅有助于我国休闲产业的发展，还可进一步增进民众参与温泉休闲活动的意愿。以健康观念推动国内温泉休闲朝向养生的目标前进，将会大大提升我国温泉利用的效果，发挥温泉的最大价值，同时提升我国民众的生活品质。

二、温泉康养旅游的概念及内涵

旅游是个人前往异地以寻求审美和愉悦为主要目的而度过的一种具有社会、休闲和消费属性的短暂经历。当温泉作为旅游资源被开发利用后，温泉旅游随之出现；当温泉旅游与温泉养生融合后，便有了温泉康养旅游。

温泉是从地下自然涌出的，泉口温度显著高于当地年平均气温的地下天然泉水。它既包括天然出露的地下热水，也包括人工挖掘出来的地下热水。温泉康养旅游依托温泉旅游资源，但有别于只达到单一休闲、游憩或观光功能的温泉旅游活动。在非破坏性利用原则下，温泉康养旅游能将温泉、医疗、运动、饮食与环境资源相结合，以优质的温泉资源加上优美的自然环境，辅以温泉地的人文、历史、文化与生态因子，从而达到促进健康或治

疗疾病的效果，使游客得以在旅游地实现长时间的休养、保养与疗养。

温泉康养旅游是以温泉为旅游资源、以温泉文化为主题而开展的旅游活动，让游客在体验温泉的同时达到养生、休闲和度假的目的。因此，本书将温泉康养旅游定义为：利用温泉资源开展的一项离开常驻地的余暇活动，以促进游客身心健康为主题，以沐浴温泉、体验温泉和感悟温泉地的文化、历史为主要内容，最终使游客达到休闲、度假、养生、疗疾等多重目的。

三、温泉康养旅游的特点

（一）稀缺性

温泉旅游产品的稀缺性是由温泉旅游资源的非普遍性决定的。天然温泉的分布受到地质结构的影响，属于非普遍性的旅游资源，具有稀缺性。

（二）季节性

春季和夏季气温比较高，尤其是夏天，温泉不能满足游客想要解暑的需求，所以春、夏季是温泉旅游的淡季。秋季和冬季气温较低、气候寒冷，泡温泉最为适宜。所以，旅游开发商要根据温泉旅游的季节性特征开发适合的产品，比如在淡季的时候，可以将泡温泉与水上乐园、漂流、水疗等项目充分结合起来。

（三）体验性

温泉旅游强调体验。从综合的角度说，体验是一种经历，也是一种感悟，是两者兼而有之。所谓"经历"，与人们对外部世界的感受联系在一起；而所谓"感悟"，是人们对世界内部本质的一种深入认识和领会。游客在泡温泉的过程当中，可以全身心地感受泉水的流动、欣赏怡人的风景、领略文化的深邃，是一种实实在在的体验旅游形式。温泉旅游产品的设计与开发应当从这个角度去发掘体验的真实意义，去把握体验的本质属性，才能更为准确地为体验型产品做定位。游客在旅游的过程中可以充分体验种类多样的民族泡浴形式，了解不同温泉地的地域文化，感受丰富多彩的民俗风情。

（四）多样性

温泉旅游地结合地域特征可以开发出自己的主题产品，目前很多温泉旅游区集观光、度假、疗养、科普等功能于一体，可以满足游客多方面的需求。

（五）养生疗养性

温泉水流至地表，经过多年的地底化学变化过程，蕴藏着许多对人体有益的矿物质和微量元素。温泉水有舒筋活络、强身健体、美容养颜、安神定惊等作用。特别是在冬季，气候阴冷，人们活动量减少，容易出现气血凝滞、经络不畅的现象，泡温泉能较好地促进血液循环，舒活经脉。

（六）脆弱性

温泉旅游产品的设计与开发依托天然温泉资源。天然温泉是极易被污染的旅游资源，污水回灌、地下水位下降、盐碱化等含水层的变化都会对天然温泉造成严重的破坏，甚至直接影响温泉旅游资源的正常开发和利用。

日本为了在开发温泉资源方面给政府和温泉旅游经营者提供参考，对温泉的调查记录一直较为详细。从各项资料的记载和深入分析来看，日本部分温泉区由于超限使用温泉水，已造成泉温降低和温泉水质改变的情况。

温泉康养旅游的特点有哪些？如何理解？

任务二
温泉康养旅游的健康效应

1. 熟悉温泉康养旅游的健康效应。
2. 熟悉不同泉质的温泉的健康效应。

任务分析

本任务为该项目下的第二个任务，学生已经学习并了解了温泉康养旅游的基本概念及特点，本任务重点帮助学生认识并熟悉温泉康养旅游的健康效应。

一、温泉康养旅游的健康功效

温泉对于人体的健康功效主要源于温泉本身的温度、静水压、阻力、浮力以及温泉水所含的对人体有益的微量元素。另外,温泉地的优美环境能够使游客放松身心、舒缓压力、调节身体机能。

温泉的健康效果,大致可分为温泉本身和温泉之外的效果因子。对于温泉本身的效果因子,可通过入浴时所获得的物理效果、不同的水质所产生的不同的化学成分的效果,以及人体的内分泌系统或神经系统等引致的调节效果来实现。温泉之外的效果因子产生于与日常生活环境不同的异地效果、饮食平衡的饮食效果、散步或慢跑的运动效果及入浴和运动之后适当休养的保养效果。

(一)温泉的物理效果

温泉的物理效果,即由温泉水的温度、浮力、阻力、静水压力及水微粒运动对机体产生的作用。研究显示,温泉水的热疗效果包括扩张血管,促进血液循环,加快细胞代谢,减轻关节僵硬度,解除肌肉痉挛,减轻疼痛,增加肌腱组织的伸展性,改善关节滑液黏稠度,增加白细胞等免疫细胞噬菌作用、扩散作用,增加内分泌功能及热能的消耗。在温泉水中浸浴之后,还能促使人产生健康愉快的感觉,缓解焦虑和紧张情绪。温泉水产生的压力可以增加腹内压、心脏容积、中心静脉压、脑脊髓压,改善排尿功能。温泉浮力可以帮助人体减轻阻力,泡温泉时可以减轻人体 1/10 的体重,身体变轻,容易进行各种复健动作,有助于改善运动机能。温泉水中的黏稠度可增加摩擦抵抗力,强化肌力,增强心肺功能。

(二)温泉的化学效果

温泉的化学效果,主要表现在温泉水中的化学元素、微量特殊元素及一般泉质特性,如总固体含量、酸碱特性、氧化还原电位等因子,经由浸泡、吸入、饮用等不同方式进入游客体内,对其产生不同的医疗保健效果。各种温泉的成分、使用方法、适用情况介绍见表 4-1。

表 4-1　各种温泉的成分、使用方法、适用情况介绍

温泉名	主要成分	使用方法	适用情况
单纯泉	具有多种成分，但含量都不大	浴用	神经痛、风湿、皮肤病、骨折、外伤保养
		饮用	轻度胃炎
碳酸泉	CO_2	浴用	高血压、心脏病、更年期障碍、不孕症
		饮用	肠胃病、便秘
重碳酸土类泉	Ca^{2+}、HCO_3^-	浴用	过敏性疾病、慢性皮肤病
		饮用	痛风、尿管结石、膀胱炎、糖尿病、慢性胃肠炎
重曹泉	Na^+、HCO_3^-	浴用	烧伤
		饮用	胃肠病、胆囊炎、早期肝硬化等
食盐泉	Na^+、Cl^-	浴用	神经痛、风湿、寒症、跌打损伤、挫伤、不孕症
		饮用	胃肠病
		吸入	慢性支气管炎、咽喉炎
硫酸盐泉	SO_4^{2-}	浴用	跌打损伤、烧伤、割伤、慢性湿疹
		饮用	糖尿病、中风、动脉硬化、肥胖症、便秘
铁泉	Fe^{2+}、HCO_3^-	浴用	风湿、更年期障碍、慢性湿疹、脚气
		饮用	贫血（喷出后立即饮用）
明矾泉	Al^{3+}、SO_4^{2-}	浴用	慢性皮肤病、手脚多汗症、静脉瘤
酸性泉	H^+	浴用	脚气、疥癣、不孕症
		饮用	低色素性贫血
硫黄泉	S	浴用	心脏病、动脉硬化、白蜡病、风湿、慢性皮肤病、糖尿病
		饮用	便秘
放射能泉	Ra	浴用	痛风、神经痛、自主神经功能紊乱
		饮用	肝功能不全

泡温泉的三大误区

温泉资源里中含有很多对皮肤有益的元素，经常泡温泉，美容效果好于很多品牌化妆品。温泉既可以帮助人体进行新陈代谢，让皮肤变得光滑，又有助于减肥。通常来说，在 40 ℃以上的温泉中泡浴 20 分钟左右，大约可以消耗 300 卡路里的能量。所以，女人常泡温泉不仅可以美容，而且可以减肥，是真正纯天然的保养品。

（三）身体机能调节效果

通过温泉物理特性和化学特性的共同作用，可帮助改善人体荷尔蒙的分泌机能，提高人体自然免疫系统及神经系统机能。

（四）温泉以外的环境效果

温泉旅游不仅仅是旅游项目，更是一场让人们远离工作与生活的压力、焕发生命活力的健康之旅。游客可在宜人的温泉风景中尽情享受温泉泡浴的欢畅。而且温泉大都远离都市，游客还可以感受到回归自然的宁静与祥和。游客在温泉旅游的过程中还可以感受到不

同温泉旅游地所蕴含的深厚民俗文化,增长见识、丰富经历。先沐浴、干蒸、湿蒸,再浸泡、按摩、擦拭,在整个过程中,游客都能感受到温泉养生文化,充分体验温泉带来的身心舒畅。

温泉的健康效益是复合性的,置身于安静、空气清新的温泉区,其间因身体各项功能不断接受各种复合性的刺激,并通过自律神经、内分泌、免疫系统等功能的综合作用,不仅调节了身体的各项功能而且强化了身体原有的自然治愈能力,从而使失调或处于病态状况的身体功能趋于正常,提高了对于内外异常刺激(高温、低温、细菌感染、身心压力负荷等)的抵抗力,让健康者提升健康效益,也使患者的疾病得以缓解并获得良好的生活品质。这也反映出温泉度假地的浴疗,可通过温泉及其环境同时提高人体的自然治愈能力和身体自身恢复能力。

二、温泉的基本类型与健康效益

地理环境与气候条件的差异成就了温泉种类的丰富多样。温泉水化学组分的作用是温泉独有的特异性功效,温泉所含化学组分的不同决定了温泉水质的好坏和其健康疗效。温泉水中常见的阴离子包括氯离子、碳酸根离子及硫酸根离子,根据其相对含量可将温泉分为三大类,即以氯离子为主的氯化物泉、以碳酸根离子为主的碳酸氢盐泉以及以硫酸根离子为主的硫酸盐泉。除了这三种阴离子,也有以其他成分为主的温泉,如以铁离子为主的含铁泉、以碳酸气(二氧化碳)为主的碳酸泉等。事实上,温泉水中所含阴离子不止一种,若有两种主要阴离子等量存在,则为复合温泉,如硫酸盐氯化物泉、氯化物碳酸盐泉等。由于温泉中含有的成分不同,各种温泉起到的保健作用也是有差异的。

(一)氯化物泉及其健康效益

氯化物泉,有"神经镇痛剂"之称,是指温泉水中的阴离子以氯离子为主,同时含有阳离子,包括钠离子、钙离子或镁离子等。根据所含阳离子种类和数量的不同,氯化物泉可分为氯化钠泉、氯化钙泉和氯化镁泉。氯化物泉可能来自海水、原生水、火山气体或火成岩,除火山气体会造成酸性温泉外,其余来源形成的氯化物泉大都为中性泉。位于日本的汤川温泉是最具有历史的氯化物温泉,其泉水无色透明、无味,润肤养颜。

众所周知,氯离子、钠离子、钙离子、镁离子是人体生命物质的重要组成部分,是机体和生命活动所必需的。氯离子除肌肉细胞外,可透过一切细胞膜,当氯与微生物直接接触时具有杀菌作用。氯与钠结合,形成氯化钠,饮用后具有调整胃肠功能的作用,另外氯还能软化瘢痕组织。钠离子是细胞外液的主要阳离子,也存在于细胞内,是调节与维持细胞渗透压的重要因子。一旦缺乏会立刻引起身体不适,可致过度疲劳、头痛、精神迟钝、抽筋、血容量降低等。组织内钾、钠浓度升高,能提高组织的兴奋性。钠、钾还能改变原生质、细胞性质及细胞膜的渗透性，对所有生命过程都有一定的作用。同时，钠离子能激活去氧皮质酮，产生升压作用。钙离子对凝血酶的形成有致活作用，能增强神经的抑制作用。钙能抗过敏、消炎、抗浮肿、镇静。同时，钙能刺激心血管，影响神经细胞和内分泌腺的兴奋性，提高机体对传染病的抵抗力。

总之，钾、钠是兴奋性离子，钙、镁是抑制性离子。它们都是调节、维持组织兴奋与抑制过程的重要因子。因氯化物泉中含有一定量的钠、钙、镁等矿物质和微量元素，对于调节心脑血管、神经肌肉和内分泌腺活动均具有特殊功效。

1. 对皮肤的作用

浴用氯化物泉时，泉水的温度和矿物质对皮肤产生刺激，引起皮肤毛细血管扩张，改善血液循环，增加汗腺及皮脂腺的分泌，具有美容养颜的效果。同时，氯化物泉还能促进炎症渗出的吸收，可加速组织新生，有消炎脱敏的作用，可用于治疗各种过敏性皮肤病、慢性湿疹、外伤、外伤后遗症、烧伤、痔疮等。

2. 对运动系统的作用

高浓度氯化物泉水比重大、浮力大。人体在泉水中浸泡时，水对人体产生的浮力作用，使人的体重减轻，运动更容易，有利于运动障碍病人肢体功能的锻炼。加之动、静水压的作用，能起到按摩、消肿、止痛的功效。因此，浴用高浓度的氯化物泉可缓解风湿病引起的关节炎或肌肉疼痛，软化瘢痕组织，缓解肌肉挛缩，有利于改善关节活动功能，适用于治疗风湿、类风湿性关节炎、肌肉疾病、肢体运动障碍等运动系统疾病。

3. 对消化系统的作用

对消化系统直接有效的方法是泉水直接饮用疗法。饮用低浓度（3%～4%）的氯化钠泉，对胃黏膜有轻度刺激，可促进胃液分泌与提升胃运动功能，并刺激胰腺分泌，有利胆作用；而饮用高浓度（10%～35%）的氯化钠泉，起抑制胃液分泌的作用，可用于治疗慢性胃炎、胃酸减少症、慢性胆囊炎等。如果氯化钠浓度超过15%，应稀释后饮用。

4. 对神经系统的作用

氯化物泉中的钙、镁、钠离子都对人体中枢神经和自主神经有调节作用，浴用氯化物泉能抑制神经兴奋，调整自主神经的紧张性，对于神经炎、神经痛、神经衰弱、失眠症有明显效果。

此外，浴用氯化物泉可促进新陈代谢，改善身体素质，尤其对体质虚弱者（老人和儿童）有持续良好的作用。同时，浴用氯化物泉还能降低血糖、增加白细胞、提高钙质的排泄、调整内分泌功能等，对手脚冰冷及妇科病症、糖尿病、痛风、肥胖、贫血有改善效果。洗浴时，由于钠、钙、镁等离子附着于体表，防止了体内水分蒸发与体温的散发，故浴后感到身体温暖。而吸入含有氯化钠、氯化钙等的蒸汽有稀释和促进黏液排出的功能，可用于治疗慢性支气管炎、支气管哮喘等症。

（二）碳酸氢盐泉及其健康效益

碳酸氢盐泉，一般多为中性泉或弱碱性泉。在变质岩区及火山岩区，二氧化碳颇为丰富，溶于水中形成碳酸，再与岩石作用生成碳酸氢盐泉。碳酸氢盐泉也通常与硫酸盐泉和氯化物泉形成复合型温泉，如硫酸盐碳酸氢钠泉、氯化物碳酸氢钠泉等。

低浓度的碳酸氢根离子对皮肤黏膜有清洁作用，能除去皮脂，使人有滑润、舒适的感觉，能增强皮肤及神经末梢对刺激的感受性。除去皮脂后，也促进了体温散发，故浴后有冷感。碳酸氢根离子能改善物质代谢，降低血糖，提高细胞膜机能，增加活动，具有抗衰老的作用。同时，浓度大的碳酸氢钠溶液能溶解疥虫的角质硬甲而将其杀灭。

1. 对皮肤的作用

碳酸氢盐泉浸浴时，皮肤表面呈碱性反应，给机体皮肤以特殊的润泽感，它能溶解皮肤表层的死亡细胞，有净化皮肤分泌物的作用，对烧烫伤等外伤具有消炎、祛疤痕的效果，并可软化角质、滋润皮肤并增加细胞活动，具有抗衰老的作用。碳酸氢盐泉中的碳酸氢钠泉被称为"美人汤"或"神水"，是目前温泉美容医学产品中最佳的化妆品调和基底水。而碳酸氢钙盐泉中含有钙，对皮肤有收敛作用，因此，碳酸氢钙泉浴有干燥、除去皮脂的功效，对湿性皮肤病、溃疡等有疗效。饮用碳酸氢纳泉水则能提高血液的凝血性，降低血管通透性，具有抗过敏和消退炎症的作用。

2. 对消化系统的作用

碳酸氢盐泉水可饮用，主要用于消化系统疾病的治疗。饮用碳酸氢钠泉水可中和胃酸，促进胃内容物的排空，减轻消化不良、胃灼热和上腹部沉重感等症状，有利于改善胃肠蠕动功能，还能改善胃的张力、运动和吸收。饮用碳酸氢盐泉水还能使尿酸溶解度增加，利于尿酸结石症的治疗。

3. 调节体内酸碱平衡

饮用呈弱碱性的碳酸氢盐泉水，如碳酸氢钠泉水，对机体酸碱平衡失调症有调节作用，对引起血液碱储存下降的疾病（如肌肉过度工作、感染、糖尿病等）有一定的功效。碱性对膀胱炎、肾盂肾炎所致酸性尿能起到中和作用，还能改善痛风。

此外，饮用碳酸氢钠泉水对嘌呤代谢也有良好的作用，对治疗痛风有一定的效果。吸

入含有碳酸氢钠、碳酸氢钙等的蒸汽能溶解气管、支气管的分泌物,有消炎作用,对呼吸道疾病也有一定的疗效。

(三)硫酸盐泉及其健康效益

硫酸盐泉可能来自火山气体、硫化物氧化、蒸发盐类、海水与原生水等。前两者会造成酸性泉,其他为中性泉。酸性硫酸盐泉水 pH 值为 1~3,因此类酸性温泉是火山区内硫化物与地下水作用形成硫酸所致,故常有喷气孔,并且多位于变质岩区,泉温约 68 ℃。

硫酸盐泉的阴离子以硫酸根离子为主,最常见的阳离子包括钠离子、钙离子、镁离子、银离子等,这些阳离子与硫酸根离子结合可形成硫酸钠、硫酸钙、硫酸镁和硫酸铝等。硫酸盐泉对糖尿病、痛风、慢性胆囊炎、便秘、动脉硬化、皮肤病、外伤、烧伤均具有一定的疗效。

1. 对皮肤的作用

硫酸根离子是酸性阴离子团,具有收敛消炎、杀菌解毒的功效。因硫酸根中的硫离子能刺激末梢血管扩张,增强全身及局部代谢过程,促进炎症吸收,而当硫遇碱类及蛋白质时,变为游离的硫化物,有杀菌作用,故硫酸盐温泉浴可以治疗疥疮、皮肤丝状菌病等皮肤病,同时对烧创伤等也有很好的疗效。如上文所述,钙离子同样具有镇静、消炎、抗浮肿的功效,因此硫酸钙泉被称为"伤之汤"。

硫酸根离子还能软化病损皮肤,溶解角质。温泉浴疗时,泉水中的硫黄可在皮肤表面形成硫化碱,能软化皮肤与溶解角质,消除皮肤的紧张僵硬状态,使皮肤柔软,恢复弹性,增强皮肤的抵抗力。

2. 对消化系统的作用

由于硫酸钠、硫酸镁在医学临床上用作泻剂,饮用硫酸钠泉水可减少营养吸收从而达到减肥的效果,而饮用硫酸镁泉水同样对肠道蠕动起亢进作用,可促进排便,对肥胖症、习惯性便秘、肠内中毒等有疗效。

3. 对新陈代谢的作用

硫酸根离子能加强机体代谢,饮用硫酸钙泉水或硫酸钙泉浸浴能促进嘌呤代谢和尿酸排出。同时,硫酸根离子还能氧化病理产物,纠正病态新陈代谢。硫是构成细胞蛋白质的主要成分及某些激素的重要组成部分。硫以半胱氨酸及麸氨基硫的形式,在酶的催化作用及组织呼吸过程中起着非常重要的作用。它能氧化那些本身不能被空气中的氧所氧化的化合物,对氧化困难的病理性组织物质起到氧化作用,矫正病态新陈代谢,因此硫酸盐泉浴对风湿性关节炎有良好的效果。在硫酸盐泉浸浴时,硫可通过皮肤弥散到血液中去。胶状硫黄比游离硫更易透入皮肤和呼吸道黏膜，直达体内组织，发生类似触媒作用，调节、改善体质。

4. 对神经系统的作用

如上文所述，温泉中的钙、钠、镁等离子对人体中枢神经和自主神经有调节作用，因此硫酸盐泉对机体的神经系统具有一定的调节作用。同时，硫酸盐泉中的硫有类脂肪的溶解性，能透达神经鞘，可促进神经纤维修复生长，因此对机体的神经系统有一定的修复功能。此外，硫还能促进糖原合成，储存于肝中，同时使血糖下降，故硫酸盐泉对糖尿病有一定疗效。

（四）硫黄温泉及其健康效益

硫黄温泉的主要成分为硫化氢，又称"硫化氢泉"，有"神仙水"的美誉。硫黄泉在泉水中以半结合、结合、游离状态三种形式存在，其显著特点是有一股似臭鸡蛋味的腐败臭味，具有非常高的健康功效。硫黄温泉产生于地壳的岩浆发生作用或火山爆发时，如广东新兴龙山温泉和四川花水湾温泉均为硫黄泉。人在硫黄温泉浸浴时，先在皮肤上形成硫黄碱，通过刺激皮肤的血液循环和营养代谢来增强皮肤的免疫功能。另外，硫黄温泉可以促进损伤的神经系统再生，使血压、血糖下降，还可以缓解关节韧带的紧张和解决肌肉疼痛问题。同时，硫黄泉属酸性，有碳酸气，易腐蚀，如果在狭小空间及通风不良的场所泡此泉可能会引起中毒，因此在泡此泉时应注意通风。

1. 对皮肤的作用

硫化氢泉浸浴时，泉水与皮肤直接接触并在皮肤表面形成硫化碱，能软化角质，同时可改善皮肤微循环，使皮肤组织氧化代谢加快，营养改善，过敏性下降，抵抗力增强，促进炎症消散，助长肉芽和上皮组织再生。当硫化氢渗入皮肤深处，刺激皮肤内的神经末梢和血管壁的感受器，使皮肤产生组织胺等物质，通过神经反射和体液途径，使皮肤血管高度扩张充血，皮肤功能改善，营养代谢状态好转。加之硫化氢本身的灭菌、杀虫、止痒功效，使硫化氢泉对慢性皮肤病，如疥疮、慢性湿疹、慢性荨麻疹、神经性皮炎、皮肤瘙痒、皮肤干裂、牛皮癣、脚气等有良好的预防和治疗效果，同时还能美容养颜。

2. 对神经系统和代谢系统的作用

硫化氢具有兴奋作用，有助于活化中枢神经系统，对周围神经系统也有解除神经机能障碍和促进神经再生的作用。因此，硫化氢泉浴可以治疗神经损伤、神经炎、各种神经痛和肌肉瘫痪等患者及神经性瘫痪患者。同时，硫化氢可扩张表皮毛细血管，增加其通透性，加上硫化氢泉中含有胶状硫分子，体积小，易进入体内组织，可起到类似触媒的作用，促使体内的废物及有毒物质排出体外，因此硫化氢泉对代谢性疾病也有一定作用。

3. 对心血管系统的作用

硫化氢泉浸浴时，外周血管扩张，阻力减少，静脉回流增加，消除瘀血症状，减轻了心脏前负荷，心脏排血量也增加，使全身血液循环得到改善。浴后血液中硫化氢气浓度下降，静脉张力也随之下降，血液存积在静脉中，使血液循环量减少，减轻了心脏负荷，对心脏功能既有保护作用，又有锻炼作用。此外，还可以降低或调节血压，可用于治疗代偿功能尚好的心脏瓣膜病、Ⅰ～Ⅱ期高血压病、轻度冠心病、慢性心肌炎、早期动脉硬化、周围血管循环障碍、血管痉挛、雷诺氏病、血栓形成后遗症等。

4. 对呼吸系统的作用

硫化氢泉浴可反射性地作用于呼吸运动中枢，使机体呼吸变慢、变深，而吸入硫化氢则有祛痰的功效，因此对呼吸系统疾病有良效。日本将硫化氢泉称作"祛痰温泉"，用于治疗慢性支气管炎等症。

5. 对关节的作用

硫化氢泉浴可以刺激关节周围的皮肤和结缔组织，改善关节周围血液循环和关节软骨的代谢，促进关节浸润物的吸收，缓解关节韧带的紧张，从而起到消炎止疼、恢复关节生理功能的作用，可用于治疗各种慢性关节炎症的软组织劳损、慢性关节风湿病等。同时，硫化氢泉浴还能改善肌肉疼痛，减轻肌肉痉挛，缓解局部柔软度和增加延展性。

硫化氢泉浴的浓度依不同疾病而异。循环功能不全、早期脑血管硬化、自主神经功能紊乱可用浓度为 50～100 mg/L 的较低温浴；感染性、风湿性、创伤性、代谢性疾病，以及运动支持器官疾病、周围神经疾病、皮肤病等可用浓度为 100～200 mg/L 的较高温浴。

（五）碳酸泉及其健康效益

碳酸泉也称为二氧化碳泉，是指在 1 L 水中，碳酸气（二氧化碳）的含量在 1 g 以上的温泉。碳酸泉中的碳酸气经常在初期火山作用区发现，它是地下深部岩石受高热分离变质而发生的，多溶于很深的地下水中，但碳酸气也可由生物作用而产生。在泉水中，碳酸气以结合或游离的形式存在。碳酸气的含量随着碳酸泉向地表流动而逐渐减少，泉温越高，碳酸气越多。大部分碳酸泉多为冷泉，高温碳酸泉很少。我国的碳酸泉主要分布于东北地区和东南地区，如黑龙江五大连池等。

碳酸温泉中最有代表性的非华清池莫属了。华清池之所以出名，并不仅仅因为它是杨贵妃的浴池，还因此处温泉富含碳酸氢钠成分，是天然的美容泉。碳酸泉可饮用、浴用和吸入，其医疗作用历史悠久，在心血管病方面的应用最为广泛，被人们誉为"心脏泉"。人在碳酸泉中浸浴，碳酸附着在人体皮肤表面，形成一层碳酸薄膜，能清洁皮肤，对慢性湿疹、溃疡有很好的治疗作用。二氧化碳进入肺部能增强肺部的气体代谢，促进血液循环，溶解气管、支气管分泌物。在饮用碳酸泉水时，能刺激胃黏膜充血、锻炼消化功能，加速肾脏水分的排出，还能改善胰岛素的分泌功能。

1. 对心血管系统的作用

碳酸泉浸浴时，泉水中的二氧化碳气体经过皮肤进入体内后可促进周围血管的扩张，增加静脉血回流，消除瘀血症状，改善血液循环，减轻心脏负担，使脉搏减慢、血压下降，可治疗多种心血管疾病，如Ⅰ～Ⅱ期高血压病和低血压病、代偿机能良好的心脏瓣膜病、周围血管循环障碍、静脉炎、慢性心肌炎、早期动脉硬化等，但对急性冠状动脉机能不全、Ⅲ期高血压和动脉硬化、急性期风湿性心脏病患者则不宜使用。

2. 对皮肤的作用

碳酸泉浸浴时，首先接受碳酸气刺激的是皮肤。无数游离的二氧化碳小气泡附着于皮肤表面，形成一层气体膜，故碳酸泉浴又有"气泡浴"之称。这种小气泡不断离开皮肤表面并被新的气泡代替，故入浴时常有温暖和解痒的感觉。由于碳酸气属于不良导体，阻止体温散发，又减弱了浸浴时水温的刺激，所以在较低气温下洗浴也不感到冷。洗碳酸泉浴时，覆盖在皮肤表面的气泡膜刺激皮肤末梢感受器，后又经皮肤进入体内，刺激血管引起毛细血管扩张，皮肤潮红，改善皮肤血液循环，增强新陈代谢和抗病能力，促进皮肤病变的消除，可用于治疗慢性湿疹、冻疮、神经性皮炎、结节性红斑、下肢溃疡、痒疹、皮肤瘙痒等多种皮肤病。由于二氧化碳成分能于浸泡中直接诱导皮肤血管扩张，增加皮肤血流灌注效果，因此碳酸泉浴还具有美容养颜的功效。

3. 对呼吸系统和酸碱平衡的作用

洗浴时，吸入的碳酸气能调节人体的呼吸中枢，使呼吸变慢、变深，改善了肺通气功能，同时也增加了静脉血的回流，促进了血液循环。气体代谢加强使呼吸熵增高，这是其他温泉浴所不能达到的。同时，血液中的碳酸气可使缓冲系统发生改变，氢离子增加，而氢离子增加可刺激肺通气量增加，加快碳酸气的排出，碳酸气减少后游离的氢离子又呈结合状态，这对稳定血管疾病的酸碱平衡有重要意义。

4. 对神经系统和代谢系统的作用

碳酸泉浴有兴奋中枢神经系统的作用，洗浴者通常表现为欣快、精神振作、血压升高等。因此，碳酸泉浴可用于抑郁型神经官能症的治疗，但神经兴奋性增高的患者不宜泡碳酸泉。同时，碳酸泉浴对代谢性疾病，如糖尿病、痛风和肥胖病等也有一定的治疗效果。

5. 对消化系统的作用

由于饮用碳酸泉水可促进胃液中游离盐酸分泌及肠胃蠕动，有增加食欲、促进消化的功能，因此饮用碳酸泉水可以治疗功能性消化不良、慢性胃炎、胃酸缺乏、便秘等症。

（六）氡泉及其健康效益

氡泉在日本被称为放射泉，可以修复暗黄肌肤，舒缓肌肤疲劳。当然，温泉里的氡含量是很少的，远远低于有害的标准。氡是一种惰性气体，是由天然放射性元素铀、镭衰变而形成的放射性气体，因此氡泉属于放射性泉。泉水中氡不和其他元素结合，可溶于水，也可以游离状消散于空气中。氡进入体内主要靠放射出的 α 射线起作用，同时有一小部分氡的蜕变产物自体内放射出微量 β、γ 射线，刺激机体功能。氡泉在矿泉医疗保健疗法中具有很重要的地位。根据现代研究，氡泉浴可使血红蛋白增加，白细胞一时性增加，并提高白细胞的吞噬功能，增强机体的免疫和防御功能，对细胞再生和病变产物排出都有促进作用，此外还具有消炎、脱敏的作用。同时，它对心血管、神经系统、内分泌及代谢机能均有良好的功效。浙江泰顺的承天氡泉、海南官塘温泉均为我国著名的含氡温泉。我国庐山天沐温泉是全国最大的富氡温泉，被誉为"江南第一温泉"。人们在泡氡温泉时，氡气附着于皮肤上能使细血管扩张数目减少并收缩，皮肤的瘀血现象减轻；吸入氡气时能降低周围神经兴奋性，有助于睡眠，也有助于缓解疼痛。浸浴一段时间能平衡女性内分泌失调，对卵巢功能、月经周期都有很好的影响；能调整心律和血压，对消化系统、神经系统、呼吸系统的疾病有显著的效果。

1. 对心血管系统的作用

氡泉水与人体皮肤接触时，产生一种使人体皮肤血管先收缩后扩张的物质，这种对血管的双向调节作用，可使处于痉挛状态的小动脉、微动脉扩张，外周阻力减少，对淤滞扩张的小静脉、微静脉又有收缩作用，从而使微循环改善、血流加速，红细胞聚集状态迅速扩散，使外周阻力降低，内脏灌流量得到改善，故临床上表现为血压下降、症状减轻。因此，低氡泉水浴可用于治疗Ⅰ～Ⅱ期高血压病。

2. 对新陈代谢的作用

氡泉浴对机体新陈代谢有促进作用。第一，能促使体内尿酸溶解排出，有利尿作用；第二，影响糖原生成；第三，激发或抑制酶的活性；第四，提高新陈代谢，特别是对嘌呤体蛋白、糖的代谢影响最显著；第五，促进细胞再生，吸收病理产物，达到消炎作用。因此，氡泉浴对新陈代谢疾病有一定的功效。

3. 对神经系统的作用

氡为脂溶性气体，能透达神经鞘，进入神经组织内，调整神经功能。氡泉浴能缓解神经炎、神经痛、关节炎的疼痛，同时还有催眠作用；对关节和肌肉的知觉神经起镇静作用，能治疗慢性关节炎、肌肉风湿病。

4. 对内分泌系统的作用

氡能刺激一般内分泌腺，对生殖腺有较强的兴奋作用，如闭经者氡浴，可改善卵巢机能不全的问题，使月经恢复正常；小剂量氡浴能刺激卵泡生长，调节妇女内分泌功能；对早衰男性，能帮助其恢复生殖机能。同时，氡泉还具有抗衰老、祛老年斑、减肥等美容功效。

此外，氡还能兴奋肠运动功能，可使顽固性便秘症患者大便通畅。

温泉水中除了含有上述阴离子和阳离子，通常还含有多种对人体有益的微量元素，如偏硅酸、偏硼酸、氟、砷、碘、铁、锰、锌、溴、锶、铝、锂、铬、钼、铜等。

① 偏硅酸。硅居人体必需微量元素之首，硅在水中的溶解度很小，一般以偏硅酸的形式存在。偏硅酸对人体心血管、骨骼生长等具有保健功能。偏硅酸能软化血管，维护血管壁的弹性，有效保护内膜，故对动脉硬化、心血管和心脏疾病能起到明显的缓解作用。偏硅酸还有助于骨的钙化，促进生长发育，特别有利于儿童智力的发展及骨骼的成长，也可防止老年骨质疏松。

② 偏硼酸。偏硼酸温泉水中的硼可以参与维生素、酶的作用，影响肾上腺、甲状腺等内分泌腺的功能，可提升血液中雌二醇浓度，有利于预防动脉粥样硬化；硼还可影响脑功能，有利于提高动手能力。偏硼酸温泉水适用于缺硼引起的关节炎、动脉粥样硬化、反应迟钝等症。

③ 氟。氟离子是人体必需的微量元素之一，适量时能预防龋齿，调节碘的代谢，改善甲状腺功能。氟还可参与骨骼的组成及代谢，促进钙、磷在骨骼中的作用和沉积，使骨骼发育保持正常。

④ 砷。砷在温泉水中以偏砷酸的形式存在，其含量达到医疗价值时能改善人体造血功能，有活血、杀菌作用。少量砷能刺激机体，使细胞与组织代谢改善，从而产生全身性的兴奋作用，促进组织细胞生长。

⑤ 碘。碘与各种内分泌腺机能活动有密切关系。碘多以微量共存于其他高矿化度的盐类泉中，碘离子可以通过皮肤进入体内，能促进各种疤痕组织再生。同时，碘也可由黏膜及呼吸道吸收，调整内分泌腺功能，可以预防甲亢、更年期综合征、月经失调等疾病。饮用含碘矿泉水，可促进物质代谢，扩张血管，改善甲状腺功能并能使组织疏松软化，促进慢性炎症吸收，还可使支气管分泌物变稀，使痰易于咯出。浴用或饮用含碘矿泉水可使血

清磷脂下降，尤其是脑磷脂明显下降，可用以治疗动脉硬化，预防血栓形成。碘能作用于交感神经，降低其兴奋性，提高副交感神经的兴奋性，促进细胞新陈代谢。同时，碘能进入纤维结缔组织使肉芽肿消散，使粘连松解、吸收或软化，可治疗慢性神经根炎及肌痉挛。碘还有强大的杀菌力，对植物性寄生物（发癣菌属）特别有效。碘还有抗真菌作用，碘溶液可治疗真菌性皮肤病（如花斑癣、红癣等）。每升泉水中碘离子的含量大于5毫克，能明显地激活机体的防御机能，位于湖北的嘉鱼山湖温泉就是富碘温泉。值得注意的是，出血性体质、急性发热疾病、肺结核等患者不适合泡碘温泉。

⑥ 铁：铁离子是构成血红蛋白和许多催化组织呼吸过程的组织酶（细胞色素、细胞色素氧化酶、过氧化酶、触媒等）的组成部分。铁温泉主要有硫酸铁泉和碳酸铁泉。广东惠州龙门铁泉富含大量的铁元素，汤色金黄，温润清爽，有"黄金泉"的美誉。铁温泉既可以沐浴，又可饮用。铁离子可透过皮肤被人体吸收，对皮肤和黏膜有收敛作用，能消炎止痛，对妇科炎症、下肢溃疡等疾病有治疗作用。经常浸泡能护肤美容，养颜健身，对腰肌劳损、肌肉萎缩等多种疾病有显著疗效。适当饮用铁泉水也可提高造血机能，促进红细胞的新生，治疗缺铁性贫血。

⑦ 锰、锌。锰、锌离子参与合成数十种金属酶，与维持人体性腺、脑下垂体的正常生理活动关系密切。锰、锌对造血过程、生长过程、哺乳等起有益的作用。缺锰、缺锌会影响小儿发育，成人会出现生殖功能障碍。

⑧ 溴。溴能加强中枢神经系统的抑制过程，使大脑皮质兴奋性降低；同时，溴还有镇静、镇痛及催眠作用，能治疗神经衰弱及神经过敏。

⑨ 锶。锶与骨骼的形成密切相关，是人体骨骼及牙齿的正常组成部分，有预防心血管疾病的功效。同时，锶还能增强人体神经及肌肉的兴奋性，对冠心病有良好的治疗作用。此外，锶对儿童身材发育迟滞也有辅助改善作用。

⑩ 铝。铝在较低浓度下，有显著的收敛、干燥作用，外用能治湿疹、痱子及脓疱疮。同时，铝还能治疗皮肤霉菌病，并具有止血、保护溃疡面的功效。

⑪ 锂。温泉中的锂具有调节自主神经功能和镇静等作用，能防治心血管疾病。对于狂躁、抑郁性、精神病有特殊疗效，对多种神经紊乱有良好的作用。

⑫ 铬。铬在微量金属中毒性最小，且不会在组织内累积。铬能增强胰岛素的刺激作用，促使葡萄糖与脂肪酸相结合，利于脂肪酸代谢和预防动脉粥样硬化。

⑬ 钼。钼是硝酸酯还原酶不可缺少的原子，可利用植物中的铁合成抗坏血酸。

⑭ 铜。铜存在于血液的铜酶中，能催化骨胶原成熟，激活骨细胞，加速骨骼成长和骨折的愈合。

任务思考

1. 温泉的种类都有哪些？
2. 如何理解温泉康养旅游的健康效应？

任务三
温泉康养旅游产品

任务目标

1. 理解温泉康养旅游产品设计开发的要点。
2. 熟悉温泉康养旅游产品的四大类型。

任务分析

本任务为该项目下的第三个任务，学生已经学习并熟悉了温泉康养旅游的健康功效，本任务重点帮助学生认识温泉康养旅游产品的基本类型，尝试设计并开发温泉康养旅游产品。

任务操作

一、温泉康养旅游产品的设计与开发

旅游产品是任何旅游目的地生存的前提和基础，温泉康养旅游产品同样也是温泉康养旅游目的地生存的保障，温泉康养旅游产品能否被市场接受将决定温泉康养旅游目的地开发的成败。

（一）温泉康养旅游产品设计与开发的基本理念

在设计和开发温泉康养旅游产品时，需要特别关注两个方面：一是要符合温泉康养旅游者的需求特点；二是要体现温泉康养旅游度假区的风格特色，在多元化的基础上打造个

性化的温泉康养旅游产品，将当地的文化元素融入产品设计。温泉康养旅游强调以健康为主题的体验，以及给游客带来难以忘怀的旅游体验、养生文化，提供具有当地特色的、个性化的温泉养生服务。

1. 健康的理念

随着生活水平的提高，人们越来越关注科学的健康养生概念，健康养生成为一种生活时尚。

温泉的天然特性给人们提供了养生的天然资源。温泉康养旅游者的旅游动机就在于追求身心疗养和恬静宜人的精神享受，通过在优美环境中浸泡温泉达到娱乐、休闲、健身、康体的目的。因此，健康是温泉康养旅游产品设计与开发的核心理念。温泉康养旅游产品的设计与开发应满足温泉康养旅游者对身体和心理充分解放的需求，具体包含以下两层含义。

① 身体健康。游客停留于宁静、空气清新的温泉区，通过温泉浴的直接效益、运动指导、平衡饮食及综合的健康教育，使病态的身体机能正常化，提升身体原有的防御、抵抗能力，促进健康者养成健康的生活习惯，也使患者的疾病得到缓解，提升生活品质，实现可持续发展。

② 心理健康。通过为温泉康养旅游者提供心理咨询等服务，消除人们在日常工作及社会生活中的各种心理压力和障碍，帮助游客树立乐观的人生观，建立良好的人际关系，恢复和保持健康的心理。

2. 休闲的理念

温泉康养旅游产品不仅能够满足温泉康养旅游者治疾、疗养的需求，还能为温泉康养旅游者提供解压、休闲、娱乐等心理健康促进项目。随着人们生活水平的提高，旅游消费不断增长，人们不再满足于观光型的旅游活动，而是希望在一个选定的地方停留下来，享受新鲜的空气、优美的环境，通过参与各项有益健康的活动达到身心的彻底放松。温泉康养旅游度假区必须对人们不断高涨的休闲、娱乐、减压的需要予以最大限度的重视，了解温泉康养旅游者需要减轻压力、促进身心健康与放松、回归自然等休闲目的，提供相关的产品和服务。

3. 综合的理念

由于温泉的健康效益是综合的，不仅需要通过温泉本身来实现，还需要依靠温泉之外的效果因子，包括运动、饮食和温泉地所处的自然环境，因此，温泉康养旅游产品的设计与开发需要融入运动元素、平衡的饮食和优美的自然环境。平衡且具有特色的饮食是温泉康养旅游的重要内容之一。游客在浸泡温泉之后体力消耗较大，需要及时补充食物，而旅游地健康而有特色的餐饮服务既可以增加温泉康养旅游开发的综合收益，也可以为温泉康养旅游增添新的内容。温泉康养旅游地的餐饮应满足两个基本要求：一是重视餐饮的形式，体现餐饮文化；二是强调餐饮的保健功效。例如，中国台湾的礁溪温泉，又称"汤围温泉"，除了泡汤，温泉地还提供许多具有当地特色的温泉食品，如温泉空心菜、温泉丝瓜、温泉番茄等。目前在我国其他地区也有一些温泉地已经开始利用高温温泉开发特色养生菜肴。

温泉康养旅游度假区一般都选址于风景优美的地区，温泉地在改造自然环境或利用自然资源的构想中，要以不破坏自然环境为原则，尽量保持环境的原始状态，通过地形、气候、植被营造舒适、惬意的沐浴氛围，甚至通过植物达到安神的效果。

二、温泉康养旅游产品的构成要素

温泉康养旅游产品的设计与开发主要依托当地的温泉康养旅游资源，但同时也要兼顾当地自然、人文康养旅游资源，凸显地域特色。因此，温泉康养旅游产品的设计与开发主要包括以下三大要素。

（一）温泉水

温泉水的动静水压、浮力、阻力、温热特性、化学成分、所含固体微粒，通过皮肤吸收、饮用、冷热交替刺激，可促进人体新陈代谢，缓解疲劳，增强体质，放松身心。

（二）温泉地

根据当地气候、海拔、森林、山岳、高原、海滨等条件建设个性化的温泉地，形成特色。

（三）温泉文化

温泉地独特的风土环境、饮食文化、沐浴文化，构成了独特的温泉文化。露天温泉、公共温泉设施、散步道、传统的街景、古朴风格的宿泊设施、地方小吃、乡土馆等是构成魅力温泉地的重要部分。

三、温泉康养旅游产品的类型

温泉康养旅游的五种形态见表4-2，根据这五种形态，可将温泉康养旅游产品归纳为以下四种基本类型。

表 4-2 温泉康养旅游的五种形态

形态一	以治疗疾病为目的
形态二	以疗养、恢复、预防为目的
形态三	美容、减肥等健康促进目的
形态四	解压、娱乐等心理健康促进目的
形态五	体育、自然接触等物理性健康促进目的

（一）康疗型温泉康养旅游产品

当前人们对温泉的一个重要期望就是促进健康与预防疾病，从而达到长寿的目的。在国内外，温泉已广泛运用于健康促进、疾病预防及保养上。在日本等地，温泉已广泛用于辅助治疗各种慢性疾病，并且成立了众多的温泉医院和温泉医学研究机构。

同时，由于现代人工作、生活压力的增加，亚健康人群不断增多，因而引发了康疗型温泉健康旅游产品的开发建设问题。康疗型温泉健康旅游产品包括以治疾为目的的康复型温泉健康旅游产品和以提高健康、预防疾病为目的的保健型温泉健康旅游产品。

康疗型温泉健康旅游产品是以温泉地良好的温泉水资源为基础，利用泉水中富含的矿物元素和微量元素，吸引游客进行治疾养病、养生健体等各种康疗保健活动，其特点是充分发挥温泉的保健、康体、养生功效。对以治疾为目的的康复型温泉健康旅游产品，其开发前提是温泉旅游地的泉质必须对特定的疾病有医疗效果；而以预防保健为目的的保健型温泉健康旅游产品可以选择具有医疗价值的温泉泉水，通过不同泉质的健康效益达到增强体质、提升人体防御能力的目的。对于无特殊病症的游客，可选择离家近的温泉地，不用拘泥于不同泉质种类的疗养效果，因为温泉的保健功效可通过温泉所具有的物理特性，如泉温、压力、浮力及周围环境来实现。而优质的温泉、清新的空气、良好的环境和健康的饮食是开发康疗型温泉健康旅游产品的必要条件。

要挖掘温泉的康疗保健价值，温泉旅游地首先需要向游客提供康体型的温泉配套设施，以及现代化的疗养设备、诊所、治疗设施等。其次，还需配备一支经过专业培训并有较丰富临床经验的温泉保健医师、温泉利用指导者、温泉保养师、温泉健身顾问、营养管理师队伍以指导游客的疗养、健康保养活动。可以说温泉旅游地除了提供必要的硬件设施，更重要的是能向游客提供全面的健康指导和咨询服务。在日本，进行温泉疗养必须有初阶温泉疗养医师或温泉专业医师的指导才能进行。温泉疗养医师由日本温泉气候物理医学会认定，主要是对有意从事温泉理疗的一般医师进行启蒙教育；温泉专业医师亦由日本温泉气候物理医学会认定，对具有临床经验的温泉疗养师进行培训认证。在我国，目前还没有对温泉专业医师进行认定的机构和相应的认证制度。

我国有几千年发展历史的中医养生越来越受到民众的青睐。在中医理论的指导下，中医养生旨在达到增强体质、预防疾病、延年益寿的目的。因此，康疗型温泉健康旅游产品除了利用温泉的健康功效达到疗养和预防疾病的目的，还可以以我国的中医理论为依据，以传统的中医治疗为手段，结合温泉资源，开发温泉健康旅游组合产品，并使之逐渐成为新的消费热点。可利用中国传统的养生术如经络疗法，并结合温泉开发（如以水力按摩为特色的冲浪浴、旋涡水浴、中药浴等），为游客提供康体、强身服务。

1. 温泉+经络疗法

将温泉沐浴与我国传统的经络养生疗法相结合，根据游客身体状况制订个性化的理疗疗程，通过我国传统的养生手段，如针灸、按摩、气功、推拿、刮痧、拔罐、足疗等调理身心，平衡阴阳，达到为患者治疗疾病，使健康者更为健康的目的。

2. 温泉+自然疗法

温泉+自然疗法是将温泉沐浴与自然疗法，包括音乐疗法、园艺疗法、心理疗法等相结合，开发主要面向亚健康人群或慢性疾病患者的温泉健康旅游产品。

3. 温泉+美食养生

关于食疗，《黄帝内经》认为，人与自然是一个息息相通的整体，自然界的五气、五味是人们赖以生存的物质基础，对人体生命活动有重要影响。食物对人体的作用不只是果腹充饥，它可配合温泉水疗，使机体获得健康或达到治疾防病的目的。一方面，温泉健康旅游地可针对患者具体的身体状况，制订适合个体健康改善的食疗方案；另一方面，可为普通游客提供均衡的养生膳食服务。膳食产品的开发也可遵循我国传统的养生规律，如遵照我国传统中医讲究的"春季养生，夏季养长，秋季养收，冬季养藏"四季养生理论，安排与四季养生相适应的饮食，如春天养"生长"之势，"食"要吃"生发"之食，如春笋、春韭、豆芽、香椿等，并利用温泉地的特色饮食文化，包括食材的选取、烹饪方式等开发独具特色的绿色健康膳食产品。

（二）美容减肥型温泉康养旅游产品

温泉除了用于疗养治疾、预防保健，还广泛运用于美容、减肥领域。日本三大"名汤"之一的草津温泉通过添加橘橙或薰衣草香味开发"美容四在汤"。氯化物泉、碳酸氢盐泉、硫酸盐泉、硫黄泉皆适用于慢性皮肤病及美容护肤领域。而在日本，单纯泉、化物泉、碳酸氢盐泉、硫酸盐泉及二氧化碳泉已广泛应用于美容护肤领域。法国已将温泉应用于美容医学领域，研发各类温泉化妆品，实现了温泉的多元化应用并提升了经济效益。

温泉的美容效果除了通过原生温泉水质的健康功效来实现，还可通过在温泉水中添加各类美容护肤元素来实现。例如：酒能活跃机体的免疫机制，不同的酒更具有不同的健康

功效，啤酒能润肤，高粱酒能治风湿等；美容养颜的至尊法宝花粉和蜂蜜，特别是在冬日，添加在温泉水中可达到润燥解毒之功效等。因此，温泉地可利用当地泉质对皮肤的特殊功效，或通过添加各类美容护肤元素开发专门针对人体皮肤的温泉旅游产品。

我国的温泉资源丰富，且温泉资源利用甚早，但产品开发多为休闲游憩。为实现温泉资源的多元化利用，提升经济效益，温泉地可与化妆品研究机构合作研发各类天然温泉矿物护肤、保健美容产品。

温泉的减肥功效主要是促进人体新陈代谢，加速血液循环，帮助去除体内多余脂肪或抑制肠胃活动，减轻饥饿感，降低食物摄入量，使体重下降。研究指出，碳酸泉、氡泉、硫化氢泉、硫酸盐泉等均具有加速人体新陈代谢、促进血管扩张的作用。以美容减肥为目的的温泉浴产品主要有以下三种。

1. 消脂减肥浴

此浴通过温泉水的冷热刺激达到促进人体新陈代谢的作用。先让游客在 40 ℃左右的温泉水中浸泡 5～7 分钟，使全身血管扩张，然后让身体冷却 3～5 分钟，或用常温泉水冲身，促使血管收缩，重复数次，使全身血管不断扩张与收缩。此过程可促进人体的新陈代谢，除去多余脂肪，达到减肥的目的。沐浴之后还可以稍微喝些水加速新陈代谢。

2. 瘦身浴

此浴主要通过减轻饥饿感、减少食物摄入而达到瘦身目的。此浴的浸泡方式非常简单，只需在 42 ℃左右的温泉水中浸泡约 3 分钟，水位不宜超过胸口。由于泉水温度的刺激会使人体副交感神经发挥抵制肠胃活动的作用，使饥饿感大大减轻。

3. 睡眠美容浴

半身沐浴可以使副交感神经发挥作用，入睡之后的深度睡眠可以促进荷尔蒙的分泌，从而促进新陈代谢，这是肌肤美丽的基础。先在 37～39 ℃的温泉水中浸泡 20 分钟，水位至肋部，彻底放松肌肤。在此过程中，需保持手部在温泉水之外，这样脚部热、手部冷，副交感神经更容易发挥休息身心的作用，可以为睡眠做准备。因此，此浴在睡眠前 1 小时左右完成为佳。

除此之外，温泉地还可结合自身资源优势开发复合型的温泉美容减肥旅游产品，如温泉+氧气疗法、温泉+芳香疗法、温泉+瘦身项目、温泉+全身护理等。

（1）温泉+氧气疗法

氧气对皮肤的重要性不言而喻。充足的氧气能促进肌肤的新陈代谢，增强肌肤的营养输送能力，肌肤细胞在氧气的帮助下完成修复和生成过程，同时也辅助将沉积在肌肤内的毒素排出体外。氧气已成为像植物精华和水一样被看好的护肤原料。因此，温泉地可将温泉沐浴与氧气疗法相结合，开发温泉补氧美容组合产品。例如，游客可先在三温暖（桑拿）中充分放松后再进入温泉沐浴，接着进行补氧疗程。

（2）温泉+芳香疗法

结合温泉沐浴与现代美容芳香疗法形成各式温泉美容组合产品。专业美容师根据客人的需求、具体的皮肤和身体健康状况设置多种功能组合，如温泉+精油抗氧化排毒、温泉+仙人掌+精油敷体抗疲劳等。

（3）温泉+瘦身项目

将温泉沐浴与传统中医的按摩、针灸瘦身项目相结合，开发面向肥胖人群特别是局部肥胖人群的温泉瘦身项目。

（4）温泉+全身护理

将温泉浴与全身护理，包括纯净身体磨砂、去角质、筋道按摩、足疗、天然绿色健康餐、维生素补充指南、皮肤急救课等相结合，开发温泉顶级护理产品。

（三）解压娱乐型温泉健康旅游产品

现代人的亚健康状况严重，其中最主要的因素就是压力和疲劳。人长期在压力下工作、生活，会给身心造成严重的伤害。而温泉的天然特性能很好地帮助人们舒缓压力，促进心理健康。在温泉环境下，顾客不仅可通过水的按摩、拍打、冲击和浮力，使心理处于完全舒缓状态，还可结合温泉地按摩师的按摩、推拿等服务达到促进血液循环、增强新陈代谢、清除体内垃圾、减轻肌肉疼痛、放松心理紧张程度的目的。

同时，温泉中含有的某些矿物成分，如锂、钙、氡等具有镇静安神的功效。研究指出，浸泡于 38～40 ℃的低温泉水中有利于镇静安神；而浸泡于 43～45 ℃的高温泉水中能使人获得刺激感、兴奋感。同时，为满足旅游需求的多样化和游客对温泉娱乐功能的追求，可设置多种沐浴方式，如瀑布浴、浮浴、池壁按摩浴、多方位按摩浴、鹅头冲击浴、圆柱肩浴、拍打淋浴、细柱沐浴、气泡按摩浴等。

① 瀑布浴：利用水冲击下的落差和圆形的水幕，产生有利于人体的阴离子，制造犹如森林浴的环境，让人体充分吸收温泉释放的阴离子。

② 浮浴：以强有力的水柱将人体拱至水面，人体在无须使力的状态下进行体力训练，尤其适用于年龄大不宜过量使用体力者。

③ 池壁按摩浴、多方位按摩浴：在池壁或隔柱上装设不同高度及水压的喷头，在游戏行走的过程中，针对下半身（如腰、背、大小腿等处）进行按摩。

④ 鹅头冲击浴、圆柱肩浴：利用强力的冲水压，对肩、颈、腰进行冲击按摩，达到放松的目的。

⑤ 拍打淋浴：通过泉水不断地拍打人体达到放松肌肉的目的。

⑥ 细柱沐浴：此种沐浴方式的水柱压力较低，水柱打在身上犹如用双手轻轻按摩。

⑦ 气泡按摩浴：利用超声波振荡的原理产生气泡式的按摩。

除了通过不同的沐浴方式帮助游客达到解压娱乐的目的，温泉旅游地还可开发各类娱乐、减压项目配合温泉沐浴，形成组合产品。

① 温泉+娱乐活动项目。温泉旅游地通过设置各类娱乐场所，如游戏场、水上娱乐场等，特别是在夏季将最受游客欢迎的水上游乐项目引入温泉旅游地，可弥补淡季产品单一、趣味性不足的问题，对于提升温泉地的整体经营、增加收益具有非常突出的效果。水上游乐活动包括温泉造浪池、温泉水上滑梯、温泉漂流等一系列时尚、动感的活动项目。

② 温泉+放松疗法。将温泉沐浴与放松疗法相结合，开发面向白领阶层的减压型健康旅游产品，包括温泉+瑜伽、温泉+太极、温泉+冥想、温泉+普拉提等。在此，瑜伽、太极等已不仅是一种运动，而且融入当地的温泉文化中，给游客带来另类的美感与情趣。瑜伽、冥想、太极、普拉提等通过肢体运动和呼吸调节紧张感，除了起到排毒养生、瘦身美体的功效，更重要的是调整心态，缓解压力，促进身心健康。

与此同时，温泉地还可与周边的旅游资源，如山林、农业、河溪、民俗等资源，联合开发形成多种形式的组合旅游产品。例如：温泉生态游，将温泉旅游与森林浴或农家乐旅游项目相结合；温泉民俗游，在游客温泉沐浴前后，增加民情观赏、街景漫游、饮食纪念品消费等项目，强化温泉民俗游的总体氛围。

一般而言，解压娱乐型温泉健康旅游产品主要面向大众游客，包括大型团体游客、会议客等，因此此类温泉地一般都具有大型的温泉旅游饭店，并且多分布在交通便利的交通线上。

（四）运动休闲型温泉健康旅游产品

运动休闲型温泉健康旅游产品以体育、自然接触等物理性活动达到促进人体健康的目的。一方面，分布在自然环境优美的山岳、高原、海滨的温泉地，可以将登山、滑雪、海水浴等各种运动和温泉相结合，开发诸如面向中高端消费者市场的温泉高尔夫健康旅游产品，以及面向滑雪爱好者或登山爱好者的温泉滑雪健康旅游产品、温泉登山健康旅游产品等。

① 温泉高尔夫健康旅游产品。通过温泉水疗与高尔夫运动充分结合，形成了面向中高端消费者市场的养生运动组合产品，是目前我国开发的中高档运动型温泉健康旅游的主要产品，如上海太阳岛高尔夫温泉度假村、北京龙熙温泉高尔夫俱乐部、云南腾冲国际高尔夫度假村。

② 温泉滑雪健康旅游产品。这一产品是我国北方地区或具备建设滑雪场温泉地的主打产品，是冬季最受追捧的健康旅游产品，实现了养生与运动的完美结合，在温泉健康旅游中形成吸引力与竞争力，如青岛即墨天泰温泉滑雪场等。

③ 温泉登山健康旅游产品。一方面，对于有登山条件的温泉旅游地，可面向登山爱好者开发具有一定挑战性的登山运动项目。例如：云南腾冲的温泉地多火山，可开发火山群攀登户外山地运动产品；四川海螺沟国家森林公园可将登冰川与泡温泉相结合，体验神奇的赏冰川景观，享贡嘎神泉之旅。另一方面，温泉旅游地可精心设计面向普通游客的户外运动项目，包括远足、户外烧烤或用自然岩石开发的攀岩项目等。一般温泉地的周围环境较好，还可结合环境设置各类休闲动项目，如借鉴澳大利亚等国的"bush walking"理念，结合全民健身运动，规划设计置于优美环境中并能满足民众不同身体状况、审美和休闲需求的健康步道、森林小径等，为民众健身、养生服务。

以上三类运动休闲型温泉健康旅游产品的开发需要温泉旅游地具备相应的自然条件，对于不具备此类开发条件的温泉旅游地，可通过设置网球场、羽毛球场、滑冰场、健身中心等室内运动设施和博物馆、美术馆等文化教育设施将温泉与运动休闲相结合。同时，为了拓展客源市场，吸引公司或企业集团奖励旅游员工，运动休闲型温泉健康旅游地还可发展成为各类户外运动的训练基地。

对于运动过后的游客而言，泡温泉的主要目的是缓解疲劳、放松肌肉、促进身体新陈代谢和预防老化，而在温泉浴中结合一些简单的运动能更好地发挥温泉的保健功效。

需要注意的是，运动过后温泉热水浴浸泡时间不宜超过10分钟，否则会使血管过度扩张。运动产生的乳酸集中在肌肉，将会加剧肌肉酸痛和僵硬的症状。正确的做法是短时间热温泉浴后，进行冷水浴，再结合理疗师的 SPA 按摩（或称放松疗法），帮助运动过后的游客快速恢复体力及缓解肌肉紧张的症状。此外，在登山或滑雪运动前，可先慢跑 10~15 分钟，心率略高于平时，有利于排出体内乳酸，缓解肌肉酸痛。

民众对温泉需求的多样化使温泉旅游地的竞争更加激烈。温泉泉质、温泉文化和温泉地、自然环境构成温泉健康旅游产品开发的核心要素，而温泉沐浴文化、餐饮文化的独特性又是提升温泉健康旅游产品竞争力的必要条件。同时，对于不同类型的温泉健康旅游产品，在具体项目设计中，提倡形式多样化和产品专门化，以提升游客的旅游体验和经历，形成温泉地的特色。

温泉康养
旅游产品开发
设计要点

此外，还有观光度假型温泉康养旅游产品。这类产品充分利用温泉康养旅游区温泉资源建设各种现代化的娱乐设施，如温泉水上乐园；或开发适合游客观赏的景观，如人造景观观光、水域观光、农园观光等。这些项目把静态的温泉和动态的娱乐有机结合在一起，满足了游客全方位的需求。比较有特色的美国黄石公园，园内喷泉就有 3 000 多个、温泉 10 000 多个，温泉和间歇泉构成了黄石公园最负盛名的风景。同时，温泉康养旅游目的地可以利用旅游区的良好温泉资源，让游客充分感受不同旅游区的地域文化、洗浴文化、建筑文化和科普文化等。

温泉康养旅游是以温泉为旅游资源、以温泉文化为主题而开展的旅游活动。游客在温泉康养旅游中能够享受泡汤乐趣、体验快乐疗养和领略温泉文化。

任务思考

温泉康养旅游产品的设计与开发。

健康泡温泉的步骤

项目总结

本项目的主要任务是学习温泉康养旅游的健康效应,鼓励学生尝试进行温泉康养旅游产品的开发与设计。通过本项目中三个任务的学习,学生能够对温泉康养旅游产品有一定的认识。

项目实践

以小组为单位,通过百度搜索及调研,完成浙江省某地温泉康养旅游资源的调查,并结合当地的地域特色,完成该地市温泉康养旅游市场定位及产品开发。

实训任务

本次实训需要完成浙江省温泉康养旅游资源调研(网上资料搜集与线上问卷调研相结合)及各地区温泉康养旅游产品开发现状对比,完成温泉康养旅游市场定位及产品开发。

实训步骤

(1)完成课前自学,结合知识拓展及网络学习平台,储备相关知识。
(2)实训过程中可采用线上线下混合学习的方式,以小组为单位共同完成,可采用头脑风暴法进行资料的收集、整理和分析。
(3)将每项任务的成果整理到相关表格。

任务考核

项目四任务考核表见表4-3。

表 4-3 项目四任务考核表

考核内容	非常优秀	优秀	良好	合格	不合格
按时完成任务情况					
搜索整理信息能力					
小组团结协作能力					
小组汇报展示能力					
小组成果创新能力					
任务考核分值建议	非常优秀（90～100 分）、优秀（80～89 分）、良好（70～79 分）、合格（60～69 分）、不合格（59 分及以下）				

注：根据小组任务实施情况，结合表中考核内容完成小组任务考核评价。

课后提升

【案例分享】

庐山天沐温泉度假村

江西庐山天沐温泉位于著名旅游胜地——九江市庐山市温泉镇，占地面积 200 余亩，是在原江西省庐山温泉工人疗养院的基础上，由珠海百富辰投资有限公司投资建造的四星级温泉旅游度假村。天沐温泉依托庐山独特的历史文化、优美的自然环境、良好的温泉水资源、便利的交通条件，以武汉、南昌、九江等周边城市为主要的客源市场，是以观光娱乐为主，兼有休闲度假、康疗保健、商务会议等的多功能温泉旅游度假村。建有 30 多个不同风格的露天温泉池，投资 1 800 万元建设温泉水上乐园；另外建有棋牌室、户外垂钓、网球场等一系列休闲娱乐设施。天沐温泉背倚庐山，南临鄱阳湖，自然环境优美，成为游客周末观光娱乐的度假胜地。

项目五

园艺康养旅游

项目导读

园艺养生是一种以园艺为媒介促进身心健康一体化的知性活动。无论是在小小的阳台上，还是在私人花园里，园艺都能为人们带来欣喜和愉悦。这种美的创造与美的传播为人们带来了多重的养生功效。园艺养生是养生的一种方式，中医认为园艺是天、地、人合一的养生活动，是通过人与土地的接触，配合天时进行的种植活动，能够获取收成过程带来的心灵的满足与喜悦。本项目重点学习园艺康养旅游的健康效应。

思维导图

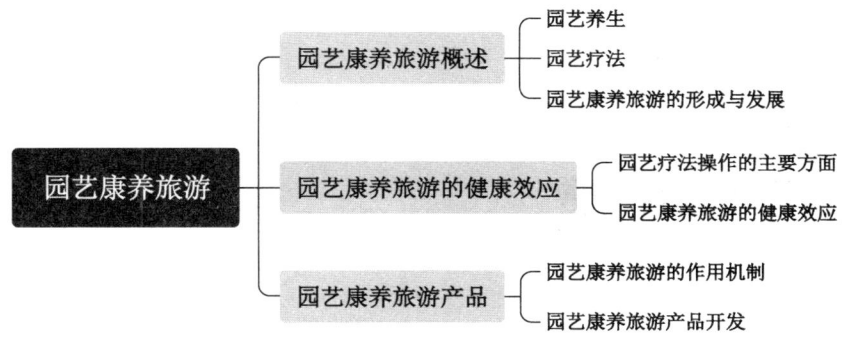

案例导入

新加坡植物园康复花园

新加坡植物园康复花园于2010年建成，占地面积达到25 000 m²，收集了超过400种药用植物，以东南亚常见的植物为主。有趣的是，与常规的药草园展示方式不同，康复花园的平面图犹如一个蜷缩在母体被绿色所孕育的婴儿。

沿着贯穿全园的步道即可依次到达呼吸和循环系统区，消化系统区，肌肉、骨骼、皮肤和神经系统区，生殖系统区，最终经由头颈耳鼻喉区回到主入口，完成环园之旅。每个区块栽植了针对人体相应部位有保健治疗功能的药用植物。康复花园内主要药用植物种类有：

头颈耳鼻喉区：积雪草、槟榔、菱叶铁苋菜、葫芦树、黄檀、铁力木、美丽球花豆。

消化系统区：肉豆蔻、大高良姜（红豆蔻）、木橘、白落葵、五丫果、水同木、胡椒。

肌肉、骨骼、皮肤和神经系统区：散沫花、芦荟、花叶假杜鹃、红厚壳、鸭嘴花、丁香苞。

生殖系统区：沉香、东草阿里、米兰、山菅、火筒树、黄花稔、乌墨。

康复花园隐藏在植物园的角落，较不易发现，园内树木郁闭，鸟语蝶舞，清新宁静，很少有游客光顾此地。主入口设计简单而低调，有远离喧嚣的感觉。内部空间复杂，自然景观丰富。园路并不宽阔，但一条醒目的盲道贯穿其中。游人沿着这条步道展开人体健康探索之旅。园子的头颈耳鼻喉区设计了一个台地，绕过一丛高大的双荚决明，从隐藏其后的台阶即可到达。园中另有小泉一泓，汩汩于耳却非细心者而不能至也。园内设施如园门、长椅、凉亭、果皮箱均以暗绿色或原木色装饰，最大限度地回归生态，绝无抢眼的摆设。除五个主要区块外，还设置了有毒植物区，不过为安全起见，这一区域通常都是大门紧锁。

园内的标志牌也十分人性化，针对各种植物分别用英文和中文（有的还有盲文）标出来源、形态、成分、性味、品质鉴别、应用、附注等内容，并配以原株的全株和叶、花、果的细部彩图，可谓细致入微。此外，从盲道、无障碍设施的贴心设计，都可以看出康复花园对残障人士的关怀。

任务一
园艺康养旅游概述

任务目标

1. 了解园艺养生与园艺疗法。
2. 梳理园艺康养旅游的形成与发展。

任务分析

本任务是该项目的第一个任务，是学习后续任务的基础，能够帮助学生了解和认识园艺疗法。

任务操作

早在几十年前，英国和美国就成立了各种园艺疗法协会；美国有 300 多所植物园等场所提供园艺疗法服务；日本很多医院都开辟了园艺疗法庭院，园艺疗法研修会会员已经发展到 1 200 余名；韩国有数所大学开设了园艺疗法课程。在国内，亦有中国农业大学李树华教授带领的园艺疗法课题组通过对敬老院 20 多位老人的实验调查，发现活动后老人的心率、血压、脉搏等各项指标都有较为明显的改善，心情变化测定图显示他们的精神状态良好。

一、园艺养生

所谓园艺养生，就是通过栽花、种草、种菜或培植果树来达到陶冶情操、修身养性和预防、治疗疾病的目的。提到园艺养生，不得不从园艺疗法说起，因为园艺养生这一概念来自园艺疗法。园艺疗法，日本称为园艺疗法，韩国称为园艺治疗，简单的定义是：利用园艺来治疗。根据美国园艺治疗协会的定义，园艺治疗是通过园艺活动，如花卉及蔬果种植、干花制作、治疗性园景设计等，从而令参加者获得社交、情绪、身体、认知、精神及创意方面的好处。例如：美国旧金山有一家医院专为一些慢性病患者开辟了一片空地，让他们从事花草和蔬菜的种植活动；澳大利亚的一家疗养院，还根据患者的不同症状，让他们分别在田野里进行拔草、剪枝、施肥、松土、浇灌等体力劳动，实践证明这些病人康复得很快；日本有一家疗养院，将心理治疗和心理调节融为一体，让病人在轻音乐声中吃药，从事拔草、捉虫、浇灌、授粉等园艺活动。园艺治疗可应用于不同年龄、不同背景及不同能力的对象。这种非传统医学现在被越来越多的人接受，相关研究不断证明其对人体健康的重要作用。

园艺养生机理在于进行浇灌、松土、施肥等劳作时，肢体得到了锻炼和运动，血液循环得到改善；当看到花草那种顽强的生命力时，能激发人的活力；当人置身于亲手种植的姹紫嫣红的鲜花丛中或手捧果实时，能感受到丰收的喜悦，内心会得到最大的安抚和放松。

对于有着工作、生活双重压力的现代都市人来说，闲暇时尤其需要调节生活、放松精神、舒缓压力。观赏园艺的目的是改善人的身心健康。

二、园艺疗法

园艺活动的养生作用已经得到医学界的认同，专家将通过园艺活动来保健身心的方法称为园艺疗法，包括植物疗法、芳香疗法、花疗法、药草疗法、花艺疗法（插花、押花、组合花园制作等）。园艺疗法是透过园艺治疗师等专业人士的设计与指导，通过花、果、蔬菜和香草植物等的栽种与花艺等活动，让人从生理、心理、认知、社交及职业技能等方面获益。园艺疗法是从美国等发达国家开始兴起的一种新型治疗方式，主要通过植物及其与植物相关的活动对人们的生理和心理健康及恢复产生一定的作用。园艺疗法与通过运动、音乐、艺术、游憩等的治疗原理一样，除了治疗疾病，更重要的是维持精神健康、缓解压力，帮助患者在心理上产生一种转移作用。现在，园艺疗法被认为是补充现代医学不足的辅助疗法，是协助减轻病人病痛、抚慰情绪的有效方式。科学证明，患者通过尝试养花或种植蔬菜等园艺活动，在保健身心的同时，也可以重燃对生活的热情。

园艺疗法的概念最早起源在1699年，一位名叫李那托·麦加的人在《英国庭园》中针对园艺的治疗效果记述道："在闲暇时，您不妨在庭园中挖挖坑，静坐一会，拔拔草，这会使您永葆身心健康，这样的好方法除此之外别无他途。"美国越来越多的卫生医疗机构，从医院到老年护理院再到精神病院等，都青睐园艺疗法，将园艺活动作为治疗病人的一种手段。园艺疗法能够减缓心跳速度，改善情绪，减轻疼痛，对病人的康复具有很大的帮助作用。

狭义的园艺疗法是针对有必要在其身体与精神方面进行改善的人们，利用植物栽植与园艺操作活动从社会、教育、心理及身体诸方面进行调整和更新的一种有效的方法，其服务的人群主要是残疾人、高龄老人、精神病患者、智力低下者、乱用药物者、犯罪者及社会的弱者等身体与精神方面需要改善的人。随着人们对园艺疗法的深入研究，园艺疗法的概念也在不断地拓展。服务对象和人群更为广泛，除了上述人群，也适用于健康和亚健康状态的人；治疗的方法除园艺操作和植物栽植外，还包括利用植物的生态作用和保健功能。

广义的园艺疗法是指利用植物或者围绕植物开展各种活动，促进人们身心健康和精神恢复的疗法，包括芳香疗法、色彩疗法、景观疗法、植物五行疗法、森林浴、光疗、氧疗和声疗等，可适用于不同年龄、背景、能力的人和不同身体状况、心理状况的人。

园艺疗法是一种别具一格的疗法。它主要通过种花、种草、种菜、培植果树等一系列活动来治疗疾病。在街心公园里松土锄草，或者向花木浇水，观赏各式各样的花卉，所有的这一切都会给人们以极大的精神安抚。医学家认为，园艺疗法主要是通过调整中枢神经系统兴奋与抑制过程的失常，促进疾病向好的方面转变。比如各种慢性病症患者，往往存在着焦虑状态和沮丧心理，看到亲手栽培的花木正在蓬勃生长，就会有一种自豪感涌上心头，进而产生战胜疾病、创造美好生活的勇气。精神、神经系统疾病患者一般很难和旁人相处，通过种植这些有生命的植物，有利于他们迈开适应社会的第一步，促进身体康复。

三、园艺康养旅游的形成与发展

园艺活动和园艺产品所带来的身心愉悦对于人类的健康有着不可估量的作用。人们发现,在花园里散步具有安稳情绪和促进康复的作用。古埃及医生给精神病患者治病的方法之一,就是让情绪波动的病人在花园中漫步,以此来稳定情绪,这是园艺疗法的最初形式。

"二战"结束至1970年,美国将园艺疗法引入伤员康复和职业培训中,丰富了园艺疗法的内涵。美国园艺治疗协会于1973年成立,并推广园艺治疗及执行专业注册制度。随着园艺疗法的不断推广和应用,美、英、法、日等国大学开设园艺疗法培训课,使园艺疗法的研究和应用进入一个新时期。美国和加拿大已经有上千家医院通过植物来提供多种治疗方式,给身体和情感上有障碍的人提供帮助;北美洲有超过250个园艺治疗师在不同的机构(疗养院、学校、医院等)工作,帮病人减轻身心痛苦。

我国对于园艺疗法的研究起步较晚。园艺种植与观赏在隋、唐、宋时期发展最为繁盛,涌现出大量园艺品种,并东传日本,民间关于植花种草的诗词歌赋也遍地开花。到了明清时期,封建社会由盛转衰,朝廷腐败,民不聊生,观赏园艺发展停滞不前。20世纪90年代,开始有医学领域的研究者注意到园艺疗法。到21世纪初,大批不同专业的研究者注意到这一领域,介绍了园艺疗法的相关概念、历史、现状、功效等,但相关研究还有待进一步开展。

任务思考

园艺疗法是如何应用实践的?

任务二
园艺康养旅游的健康效应

任务目标

熟悉园艺康养旅游的三大健康效应。

任务分析

园艺康养旅游的健康效应是开展园艺疗法的前提和基础,是本项目的第二个任务,为后续园艺康养旅游产品的开发作铺垫。

任务操作

园艺对健康的影响，一方面来自从事园艺活动。在从事劳作的过程中，人们的感官和运动机能受到刺激，身体得到锻炼，同时能够体验生命的美好和收获的成就感。园艺作业活动早已应用于心理疾病患者和智障者的治疗。比如日本的精神科医生认为，翻土是最好的治疗方法。智力迟钝的孩子学习花的分类，数叶子和花瓣数，会觉得非常开心和自豪，在从事园艺活动的过程中，他们学会了如何交流、如何合作。此外，轻度的园艺活动有助于降低血压、促进血液循环、保护关节等，不失为保健的一剂良方。

园艺疗法的对象也逐渐扩大到普通人群。精神压力大的人，可以在自己喜欢的庭院中进行园艺操作，除了能转移注意力外，还能通过植物旺盛的生命力、缤纷的色彩、沁人的芳香让自己的心情得到放松和平静。

园艺对健康的影响，另一方面来自游览园艺景观。美好的事物有治愈的能力。在我国社会主义精神文明建设的浪潮下，各种花卉节庆活动令人目不暇接。美的感观，令人产生对生命和生活的热爱，从而提升幸福感。

而园艺植物本身更是有很多药用及保健功效。比如蓝莓号称"抗氧化之王"，苹果有"活水""智慧果"之称，蟠桃有"仙果""寿桃"的美誉，以及"小人参"胡萝卜、"菜中皇后"洋葱、"抗癌之王"甘薯等，许多花草树木都能吸收空气中的有毒气体，排出氧气。除了森林树木地带，花草繁多的地方也是负离子较多的场所，当然也是进行空气中的负离子疗法的好去处。

一、园艺疗法操作的主要方面

1. 活动的成分

身体运动（全身、上肢和手，下肢的运动，筋骨与关节可动部位，协调性），刺激感觉（触觉、视觉、听觉、平衡感、温冷觉、味觉、嗅觉等）。

2. 注意力集中的成分

注意力集中，智慧（经验）积累，加强理解力。

3. 生命的成分

季节的变化，生长周期的变化，生命力的增强。

4. 抑制的成分

适度的疲劳，增加体力与促进心脏机能，时间的有效利用，人们之间的交流。

二、园艺康养旅游的健康效应

（一）园艺养生的精神功效

园艺有助于调剂现代人的精神生活。鲜花的绚丽色彩和芬芳香气使人赏心悦目、情志舒畅。居室里放上几盆花卉，或在庭院种植一些花草，可以丰富和美化家庭的环境，增添生活情趣，消除消极情绪。养花、做盆景既是体力劳动锻炼，也是文化艺术修养的体现。研究证实，经常观赏盆景、鲜花，可使那些性情急躁的人变得温顺，心情不好的人变得爽朗愉快，消沉的人变得积极向上。一些老年孤独症患者参加园艺劳动后，生活增添了乐趣，其寂寞和孤独感也减轻了许多。而且人们在种花养草的过程中，通过感受和体验这种高雅的娱乐和享受，可调节情绪，给精神上带来某种寄托和安慰。

① 消除不安心理与急躁情绪。在医院病房周围种植草木，病人于其中散步或通过门窗眺望，可使其心情平稳。

② 增加活力投身于园艺活动中，能够使病人特别是精神病患者忘却烦恼，产生疲劳感，加快入睡速度，起床后精神更加充沛。

③ 调节情绪。一般来讲，红花使人产生激动感，黄花使人产生明快感，蓝花、白花使人产生宁静感。

④ 培养创作热情。盆栽花木、花坛制作及庭园花卉种植等各种园艺活动，把具有自然美的植物材料按照想象进行布置处理，使其成为艺术品。这种活动可以激发创作热情。

⑤ 抑制冲动。在自然环境中进行整地、挖坑、搬运花木、种植培土及浇水施肥，在消耗体力的同时，还可抑制冲动。

⑥ 培养忍耐力与注意力。园艺的对象是有生命的花木，在进行园艺活动时要求慎重并有持续性。例如，修剪花木时应有选择地剪除，播种时则应根据种粒的大小覆盖不同深度的土壤，这些都需要慎重，要集中注意力。若在栽植花木的中途去做其他事情，等想起来再去栽植时，花木可能已枯萎。因此，长期进行园艺活动的结果，无疑会培养忍耐力与注意力。

⑦ 增强行动的计划性。植物种类不同，操作内容不同，则时间与季节亦不同。开展园艺活动，必先制订计划，或书面计划或脑中谋划，因人而异。此项工作或爱好可以增进与植物的感情，把握时间概念（早、晚、季节的变化等）。

⑧ 增强责任感。采取责任到人的方法，病人必须清楚哪些是自己管理的盆花、花坛等。

因为花木为有生命之物，如果管理不当或疏忽，会导致其枯萎。这可使病人认识到哪些是自己必须做的工作，从而增强责任感。

⑨ 树立自信心。待到自己培植的花木开花、结果时，会受到其他人的称赞，这说明自己的辛勤劳作得到自我的认可，在自我满足的同时还会增强自信心。这对失去生活自信的精神病患者来说有较好的医治效果。当然，一开始可以选择易于管理、易于开花的花木种类。

（二）园艺养生的社会功效

① 提高社交能力。参加集体性的园艺疗法活动，以花木园艺为话题，游客容易产生共鸣，促进交流，这样可以培养社交能力。

② 增强公共道德观念。利用花木来美化自己的生活环境，或者自己所负责的盆栽、花坛开出漂亮的花朵，在增强自信的同时，还体会到自己为大家做了有益的事情。另外，为花坛除草、摘除枯萎的花朵、清扫落叶等活动，可以培养人们的环境美化意识和习惯，增强公共道德观念。

（三）园艺养生的保健功效

园艺劳动带给身心健康的益处很广。如种植、浇水、锄草等劳动，能增加身体的活动量，锻炼四肢的肌肉和关节。大量的观察及研究发现，园艺劳动对神经官能症、高血压、心脏病等疾病具有很好的辅助治疗作用，尤其当上述病人的病情相对稳定后，进行适当的园艺劳动，更有利于改善神经系统及心血管系统功能。除此之外，还有稳定情绪及消除失眠等痼疾的效果。老年人缺钙较为普遍，有研究证实：经常从事园艺劳动能使人骨骼强壮，预防骨质疏松症的发生。许多花卉都有其特殊功效，有助于预防疾病。科学家发现，许多植物花朵分泌的芳香油中有一种特殊的芳香类物质。这类物质被吸入肺部输入体内各部位，有杀菌、消炎、利尿和调节神经中枢的功效。我国临床药学工作者已从香花的芳香精油中检测出多种杀菌物质。此外，在绿色环境地带活动，能够缓解疲劳，消除紧张情绪，使皮肤温度降低，脉搏减缓，呼吸均匀，嗅觉、听觉和思维活动的灵活性增强。

① 刺激感官。植物的色、形对视觉，香味对嗅觉，可食用植物对味觉，植物的花、茎、叶的质感（粗糙、光滑、毛茸茸）对触觉都有刺激作用。另外，自然界的虫鸣、鸟语、水声、风吹及雨打叶片的声音也对听觉有刺激作用。卧病在床的患者或者长久闭户不出门的人到室外去沐浴阳光，接受日光明暗给予视觉的刺激，感受冷暖对皮肤的刺激，这可称为自然疗法，也是园艺疗法的内容之一。白天进行园艺活动、接受日光浴，晚上疲劳后上床休息，有利于养成正常的生活习惯，保持体内生物钟的正常运转，这对失眠症患者有一定的疗效。

② 强化运动机能。从播种、扦插、上盆等的坐态活动到整地、浇水、施肥等站立活动，每时每刻都在使用眼睛，同时头、手、足都要运动，所以园艺活动也是一项全身性的综合运动。

园艺疗法可作为多种疾病的辅助治疗，最适宜于老年人应用。园艺疗法的适应征包括：低血压、原发性高血压、胃及十二指肠溃疡、溃疡性结肠炎、习惯性便秘、肺结核、紧张性头痛、收发性痉挛症、弱视、更年期综合征、抑郁症、精神分裂症等。

任务思考

园艺康养旅游的健康效应。

任务三
园艺康养旅游产品

任务目标

1. 了解园艺康养旅游的作用机制。
2. 熟悉常见的园艺康养旅游产品的形态。

任务分析

此任务为本项目下的第三个任务，在学习过上述内容后，了解园艺康养旅游产品开发的现状，尝试结合当地园艺特色设计开发园艺康养旅游产品。

任务操作

一、园艺康养旅游的作用机制

（一）绿色效应

长期的绿色环境可安抚紧张的神经，长期生活在紧张生活中的人可通过园艺养生活动使自己的身体和心理得到调整和恢复。据调查，绿色能在一定程度上减少人体肾上腺素的分泌，降低人体交感神经的兴奋性。园艺作物的基调是绿色，绿色视觉环境会给人的心理带来许多积极的影响，人在绿色的视觉环境中会产生满足感、安逸感、活力感和适应感。

绿色不仅能使人平静、舒服，而且还能使人体的皮肤温度降低 1～2 ℃，脉搏恢复率可提高 2～7 倍，脉搏次数每分钟要明显减少 4～8 次，呼吸慢而均匀，血流速度减慢，心脏负担减轻，久而久之可有效地预防心脑血管疾病。

实验证明，绿色对光的反射率达 30%～40%时，对人的视网膜组织的刺激恰到好处，它可以吸收阳光中对人体有害的紫外线，提高视力，恢复疲劳的视神经，有效地预防近视。

绿色安详柔和，能吸收对眼睛有害的紫外线，消除杂乱缤纷色彩的影响，平静情绪，增强思维的敏感性，使人生机勃勃、心情舒快，适合焦虑症、神经衰弱、办公室综合征等神经系统疾病的治疗。那些因工作压力太大而身心发育有障碍的人经过 3～4 周的园艺养生疗养，可以明显消除身心疲劳。

（二）色彩效应

在人体的各种感觉中，视觉是最主要的感觉，它占环境对人体五感作用的 75%～87%，是植物对人体五感刺激中的最主要部分。其中色彩是植物的视觉体系中最敏感的影响因子之一，它在人们感知周围事物的过程中发挥重要作用。

不同颜色可提供不同的视觉效果。暖色（如红色、橙色、黄色等）较为鲜艳夺目，使人心跳加快、精神亢奋，给人以热烈、辉煌、兴奋和温暖的感觉；冷色（如青色、蓝色、紫色等）较为深沉，使人感到清爽、娴雅、肃穆、宁静和放松；白色令人感到神圣、纯洁和宁静，具有消暑的作用。

研究表明，不同颜色或花香的花草，会使人产生不同的心情。例如，红色、橙色、黄色的鲜花，会使人产生一种热烈、辉煌、兴奋和温暖的感觉；而青色、绿色、蓝色、白色的花，给人以清爽、娴雅和宁静的感觉。浅蓝色的鲜花对于高烧病人具有良好的镇静作用；紫色的鲜花可使孕妇心情愉悦；红色的鲜花能增进病人的食欲及增强听力；红褐色的鲜花对低血压患者大有裨益；绿色的花叶能吸收阳光中的紫外线，减少对眼睛的刺激，因此对眼睛有保护作用，并增强视力。长期用眼用脑的劳动者若经常观赏绿色的盆景，翠嫩欲滴，沁人心脾，有利于消除身心疲劳。黄色的万寿菊和红色的美人蕉所产生的鲜明对比，直接刺激人的视觉，给人带来强烈的视觉冲击。这种暖色系的花适合弱视和白内障等有视觉障碍的人观赏。

许多植物的花、果、枝、叶均有很高的观赏价值，花色、叶色变化非常丰富，了解各种色彩的生理作用，正确使用颜色，可以消除疲劳，抑制烦躁，控制情绪，调整和改善机体功能，起到治疗的作用。例如，把许多重要的观赏植物（如康乃馨、菊花和月季）中稀有的蓝色种类和品种用于装饰室内，可以使人们精力集中。

（三）景观效应

早在 19 世纪六七十年代，美国风景园林师弗雷德里克·劳·奥姆斯特德（Frederick Law Olmsted）就相信与自然的视觉接触会有益于城市居民的情绪和身体健康。柔和舒适、干净明亮的外在环境有益于人的身心，而令人焦虑不安、不舒适的环境将危害人的身心。有研究证实，一边从事体力活动一边观赏怡人的绿色乡村和城市图片，要比单纯从事体力劳动或边从事体力活动边观看不愉快的景观更能有效降低血压、改善心情、提高自信心。

在园林领域，康宁等以园林绿地内最基本的铺装广场、水际、植物群落三种景观为评价对象，进行了主导脑波成分变化的差异性比较。结果表明，植物群落景观对人体的身心放松状态有更加积极的促进作用，并且植物群落景观对男性的情绪平稳作用比女性更明显。由此说明植物的观赏活动能对人的身心放松起到积极的作用。李法红等以苹果树为观赏对象，选取人体脑波作为评价指标，定量研究室外果园内苹果树开花季节，观赏叶子和花朵对人体脑波的影响。结果表明，赏花和果实采摘活动在一定程度上能够缓和紧张的情绪，使人趋于平静、放松的精神状态。

（四）小气候效应

以园艺作物为主的休闲农业园区，一般位于郊区或者乡村地区，与主要客源地的城市气候相比，具有良好的小气候效应。

① 气温比城市低。由于城市下垫面是一个人造的下垫面，其特点是人为的建筑（房屋、道路、工厂、广场等）面积占绝对优势，市民的生产、生活活动排放出大量废气，燃烧和生物同化作用释放出大量人为热等，城市气温明显比郊区的气温高一些，这种现象称为城市的"热岛"效应。城郊间气温的差值大小，即为热岛强度。休闲农业园区的下垫面植被覆盖率较高，人为产生的热量较少，地域开阔，因此气温比城市低，成为人们夏季避暑的好去处。

② 相对湿度比城市高。由于城市的下垫面大部分为不透水的路面和建筑物，人工排水管网发达，绿化面积小，因此蒸发和蒸腾量都小，城市空气的相对湿度比郊区低 4%～6%，形成"城市干岛"，而休闲农业园区的下垫面大部分为疏松湿润的土壤，植被覆盖率较高，有些具有较大的水域面积，因此蒸发蒸腾量大，空气相对湿度较高。

③ 太阳辐射和日照时数比城市多。由于城市空气污染，到达城市下垫面的辐射通量密度减弱。据观测，一般城市的总辐射比休闲农业园区减少 10%～20%，紫外辐射减少 20%～40%。由于城市烟雾和对流云发展的影响，城市日照时数平均比休闲农业园区少 5%～15%。

④ 大面积的植物可以使人们的居住环境更加舒适，这是因为大面积的植物具有调节温湿、降低噪声、遮光防晒、防风降尘、净化空气、净化水质的作用。人们生活在树茂草青、鲜花盛开的环境中，自然会心旷神怡，既舒畅心情、利于健康，还能驱除蚊虫，净化空气、

清除有毒物质，对人们的健康大有裨益。

（五）空气中的负离子效应

空气正常情况下气体分子不带电，呈中性。在外界条件的作用下，气体分子发生电离，空气中的一些气体分子会失去一些电子，这些失去的电子被称为自由电子。它又会与其他中性分子相结合。而得到电子的气体分子带负电，称为空气中的负离子。

空气中的负离子具有杀菌、降尘、提高免疫力、调节机能平衡的功效，空气中的负离子浓度与空气环境质量密切相关，它被称为"空气维生素"或"生长素"。研究表明，空气中的负离子能促进人体生长发育和防治多种疾病，是人类健康、长寿的必要因素。

果树、花卉、茶等植物的光合作用可产生和释放大量负离子，氧气浓度也较高，使得农业观光园的环境空气中的负离子浓度明显高于城市。园艺产业区的灌溉水系、喷灌系统、雾淋的动态水系统，可以有效产生和释放负离子，对身处其中的人们起到祛病的效果。在摆放了绿色植物的室内，空气中的负离子浓度有明显提高。

（六）植物精气

植物精气，即植物挥发性物质，是指植物的器官和组织在自然状态下分泌释放出的具有芳香气味的有机挥发性物质。

现代医学实验证明，植物精气具有灭菌抗菌、杀虫、消炎防腐、祛风利尿、解热镇痛、平喘镇咳、美容护肤、刺激神经、增强体力、消除疲劳等多种药理功效。植物精气可杀灭周围的微生物，如所挥发出的苯甲醇、芳樟醇、香茅醇、牻牛儿醇（香叶醇）等，能杀死许多有害微生物，具有强烈的杀灭细菌、消毒的作用，效果强于甲醛、紫外线，是绿色的、无污染的天然杀虫剂；紫茉莉分泌散发出的气体对白喉、结核菌、痢疾杆菌只需 5 秒即可杀死。

植物精气扩散在空气中，可通过人的呼吸系统或皮肤毛孔进入体内，为人体所吸收。有研究表明，萜烯类化学成分透过皮肤的速率是水的 100 倍、盐的 1 000 倍。萜烯类化合物被人体吸收后，有适度的刺激作用，可促进免疫蛋白增加，有效调节自主神经平衡，从而增强人体的抵抗力，达到抗菌、抗炎、健身强体的生理功效。德国研究表明，树林中清新的空气及散发自树叶、树干的天然烟雾，对于支气管哮喘、肺部吸尘所引起的炎症、肺结核等治疗效果优于使用化学合成的人工喷雾式药剂。

人们对植物精气在医疗保健方面的认识已有数千年的历史，特别是对植物精气的利用更是源远流长。早在四五千年以前，埃及人就开始用香料消毒、防腐。3 000 多年前，中国人已经利用艾蒿沐浴焚熏，以洁身去秽。2 000 多年前，中国人知道芳香气味有调节情绪、养生保健、防治疾病的作用，人们开始用植物气味治疗疾病。据史书记载，古代妃子住的宫殿，就曾用川椒捣烂涂到墙壁上，以杀虫辟邪。欧洲人很早以前就用薰衣草、桂皮油来治疗神经刺激征。1865年，德国首创了一套森林地形疗法（森林+运动）；到1880年，进一步发展为自然健康疗法（森林+水雾+运动，也就是植物精气+空气中的负离子+运动）。

植物散发出的气味也能治疗某些症状。例如：桦树、柞树、稠李散发的气味可杀死白喉、肺结核、霍乱和多种炎症的球菌及流感病毒；文竹、铃兰、木樨草、玫瑰、紫罗兰等花的气味能杀灭肺炎球菌、葡萄球菌；香叶天竺葵可治疗失眠症。现已查明，有15种香味对治疗心血管病、气喘、高血压、肝硬化、神经衰弱等有显著疗效。据测试，经常置身于优美、芬芳、静谧的花木丛中，可使人的皮肤温度降低1~2℃，脉搏平均每分钟减少4~8次，呼吸慢而均匀，血流速度减缓，心脏负担减轻，使人的嗅觉、听觉和思维活动的灵敏度增强。

丁香花开放时，散发的香气中含有丁香油酚等化学物质，净化空气能力较强，杀菌能力比苯酚强5倍以上；其香气还可镇痛镇静，花对牙痛病人也有镇静、止痛的效果。茉莉花开在夏季，其花香具有理气、解郁、避秽等作用，另外，头晕目眩、感冒引起的头痛、鼻塞及暑热头晕者，常闻此香，可减轻症状。茉莉花和米兰的香气还可驱蚊、防治疾病等。菊花所含有的挥发性芳香物质，有清热祛风、平肝明目之效。桂花有解郁、避秽之香，有助于治疗狂躁性精神病；薰衣草的香气可舒缓头痛、失眠的情况，对治疗心率过快有效；天竺葵的香气可减缓焦虑及消除疲劳的状态等；米兰花的香气能使哮喘病人感到心情舒适。

近些年来，国外还利用花香的独特功效专门成立了"香花医院"，比如在塔吉克斯坦共和国及阿塞拜疆共和国等均设有这种医院和疗养所，让患有神经衰弱、高血压、哮喘、流行性感冒、白喉、痢疾的病人在悦耳的乐曲声中，嗅着幽香扑鼻的花香，收到了很好的疗效。

（七）声景观效应

自然界的虫鸣、鸟语、水声、风吹及雨打植物叶片形成的声景观，都对听觉有刺激作用，可以使人放松心情，减缓疲劳，尤其对弱智者、失眠者效果更好。研究表明，通过倾听主观上认为舒服的各种森林的声音，可以使人的脑活动镇静下来，让身体处于放松状态。

植物的叶片或枝干在风雨中能发出各种不同的声响，有的萧瑟，有的优美，有的汹涌澎湃，这些声音能消除人烦躁不安、心悸不宁的情绪。例如，人们从非常熟悉的荷清蝉鸣、雨打芭蕉、万顷松涛等声音中获得了美感，引发了联想，从而达到了调节情绪、保健的效果。

中国传统园林也十分重视对声景观的塑造。辛弃疾的词"明月别枝惊鹊，清风半夜鸣蝉。稻花香里说丰年，听取蛙声一片"写的就是田园风光的听觉美；李商隐的诗句"留得枯荷听雨声"，写的则是秋后荷塘的听觉美；"雨打芭蕉""柳浪闻莺""莺啭乔木""风起松涛"描绘的都是优美的声景观。

禾本科草本植物及竹类植物会打开人的听觉。芒草及细竹叶经风吹后能够产生声响，摇动的植物让人们听到声音。有的医院在集中治疗室的窗户外建一个小庭园，其中悬挂一个能够招引这些植物和野鸟的诱饵箱，可以在枕头边通过简单的听觉反射判断人的意识水平。

落叶随风发出的瑟瑟声，长长青草摇曳的沙沙声，小鸟的叫声，花园内的风声，均能制造出不同的听觉效果，产生听觉刺激，让人感受大自然的美妙。树木、篱笆、灌木丛可以阻隔一些噪声，提供宁静、松弛的空间。亦可安装风铃或雨铃，增加听觉刺激效果。此外，可加设池塘瀑布，室内可加设小型水池，潺潺的流水声也拥有治疗效果，令人心境松弛、平和。

通过绿色盆栽协调、点缀房间，并用盆栽对噪声源进行遮挡，可以较好地改变受声者的心理活动，降低受声者的主观烦恼度，是改善室内低频噪声污染的较好方法。

（八）运动效应

在植物环境中活动或漫步，能恢复身体节律，锻炼运动神经和反射神经，是一种有氧运动，会使人呼吸均匀、血流速度减慢、情绪放松、心态平和，有助于消除紧张和疲劳，尤其对一些慢性疾病的康复非常有好处。

农耕作业和园艺操作有利于身体健康，这远在古埃及时期就为人们所了解，之后又作为治疗法和健康法普及全世界。在日本，精神科医生认为翻土是很好的治疗方法，内科医生也认为园艺操作对身心健康有益。在进行园艺活动时大汗淋漓，会让人心情舒畅，带给人适度的疲劳感和爽快感。在园艺活动中活动身体，不仅对精神和心理健康有益，从肌肉锻炼这个角度来看，对身体健康也是有益的。

（九）触觉效应

触觉是很重要的感觉，它会刺激大脑皮质的感觉区和运动区，对记忆和感性有很深的影响，被认为是一种新型的、具有发展空间的、有益身心的接触自然的感觉方式。

植物的花、茎、叶的质感（光滑、粗糙、毛茸茸）对触觉有刺激作用，可以使人在自然界中感受生命的力量，放松心情，达到愉悦的目的；另外，一些植物经触摸后，挥发出来的物质可经由皮肤毛孔直接吸收，从而起到治病的作用。

让人们触摸不同质地的植物，可达到感官刺激效果，植物的不同部位，如树皮、树叶、花朵、果实、种子等，可提供不同的感官刺激。另外，不同植物的质地也不同，如平滑、坚实、薄脆等。

（十）食疗效应

自古以来，我国中医保健便有医食同源的说法，某些植物除了具有观赏价值，还有很

好的食用价值和保健功能，可以起到一定的保健作用。

"尝遍百果能成仙"之说自古就在我国民间流传，这里的"仙"就是祛病、健康、长寿的意思。果品大多数具有较高的营养价值，能为人类健康提供多种营养元素。对于儿童、老人、病弱者，保证一定量的果品摄入，对提高体质、增进健康、改善营养、预防疾病，有着不可低估的作用。果品中含有丰富的营养和保健物质，有些果品所含某些营养高于其他食品，有些果品所含某些营养（物质）在其他食品中是无法得到的。因此，经常食用果品，使人们在享用果品色、香、味的同时，还增进了机体健康。我国的医药遗产早就肯定了的核桃仁、龙眼、荔枝、红枣等为良好的滋补品。

中国食（药）用果品的历史悠久，许多果树的产品（果、枝、叶、花、根）都可入药，用于预防和治疗疾病，比如中医古籍中有梨果清热、化痰，山楂消食，荔枝、龙眼健脾养血，香蕉润肠降压，柑橘润肺理气，杏解瘟疫，枣解百药等大量果品药用记载。有的果品及果树的其他产品已直接加工成药或中成药，如枇杷止咳糖浆、秋梨膏、山楂精、橙皮酊、龙眼膏、橘红丸、桔梗膏、罗汉果止咳糖浆等。此外，随着现代医学研究的发展，发现许多果品有新的药用成分和医疗功效，如无花果、余甘果等果品已被证实有明显的抗肿瘤的疗效等。

蔬菜不仅是重要的副食品，为人类提供维生素、矿物质等营养成分，而且具有很好的保健功效，在防病治病方面起重要作用，如萝卜能开胃消食，甘薯能抗癌，姜能解毒杀菌、驱散风寒等。所以说，蔬菜在人类防病治病、健康保健方面有不可替代的功能。

由于蔬菜的营养价值较高，使得蔬菜在预防疾病、保健方面也有其不可替代的重要性，特别是有些蔬菜具有很好的医疗价值，是中国传统医学的主要药材，如山药、生姜、大蒜、大葱、韭菜、萝卜等。中国传统医学认为医食同源，利用蔬菜治病是食疗中的一条宝贵经验。迄今为止，科学家只在洋葱中发现前列腺素，故洋葱是唯一含有前列腺素的蔬菜。芹菜中含有酸性的降压成分，有明显的降压安神作用，对人体能起到安定情绪、消除烦躁的作用，对于原发性、妊娠性及更年期高血压均有一定的效果。素食减肥中蔬菜是首选食品，科学研究表明，蔬菜中含有大量的纤维素，食用后有饱腹感，有利于减少其他食品的摄入，而且食用后能增强肠道的蠕动功能，有利于代谢。蔬菜中含有的淀粉酶也有利于碳水化合物的分解，减少脂肪在人体内的积累，可很好地防止人体发胖。蔬菜中含有大量的纤维，能松肠通便，帮助人体及时排出毒素，防止便秘，预防肠道疾病的发生。有些蔬菜（如丝瓜、黄瓜）的提取液中具有美容祛皱的特效成分，所以蔬菜也是美容的好材料。还有些蔬菜（如山药、南瓜）中含有降低血糖、血脂的物质，是糖尿病人的良好食品。

"神农尝百草，始有医药。"古代人民通过观其形体、嗅其气味、品其滋味来认识花卉。在两三千年前，我们的祖先就知道芳香气味具有调节人的情绪、养生保健、防疫治病的作用。《神农本草经》有"香者，气之正，正气盛则除邪避秽也"的说法。我国现存最早的药物学专著《神农本草经》，记载植物药 257 种，花类药有鞠华（菊花）、辛夷、冬花、旋覆花、莞花、芫花、柳华、栾华等。

近代《中药大辞典》《中华药海》《中华本草》等书中，收集了大量的花类药物，为后人研究花草类植物奠定了基础。不少花类药物在近现代临床上已是常用之品，如金银花、菊花、辛夷、丁香、红花、槐花等。如今，用花类药物美容美肤或进行保健，是非常普遍的事情。

现在通常供人泡茶饮用的鲜花有二三十种之多，多是具有清热解毒、清肺止咳、养肝目、健胃消食、增强机体免疫力、促进血液循环、解除疲劳、养颜美容作用的花类药物，如菊花、金银花、金莲花、玫瑰花、百合花、芍药花、莲子芯、西藏红花等。花卉在美容方面具有以下作用：①消炎抗菌，可有效防止皮肤疾病的发生，并可防止粉刺、雀斑、老年斑的出现；②保护皮肤黏膜，增强皮肤弹性，防止皮肤皲裂，减缓皱纹的出现；③润泽皮肤，预防皮肤老化；④具有敛汗、除臭的作用；⑤减少头皮屑，美化毛发。"香身"是美容的一种特殊方式。唐宋时期，后妃宫娥食用一些芳香类中药来换求体香，取悦于人。

可食用的花卉种类较多，食用方法多样，并且不少食用花卉的蛋白质含量远胜于牛肉、鸡蛋，维生素 C 含量也高于水果。据不完全统计，可食用的花卉约 97 个科，100 多个属，180 多种。常见的有菊花、玫瑰、紫罗兰、紫苏、芙蓉等。欧美一些国家兴起"食花热"，认为花卉是现代人的最佳膳食营养来源之一。日本把菊花视为优质、无虫害的花瓣蔬菜。食用花卉加工出的油，被称为"21 世纪的食用油"。

二、园艺康养旅游产品开发

目前园艺康养旅游产品开发大致分为两类：一是广义的园艺康养旅游线路，比如我国各地依据特色园艺产业资源开发的赏花、收果、采茶等特色旅游线路；二是依据园艺疗法、森林浴等原理，以特定的园艺养生园为载体，采用园艺养生课程辅导培训等手段，开发园艺康养旅游产品。

（一）花果茶观光采摘体验游

花果茶观光采摘游线路集田园风光、水果采摘、农家体验、农业科普于一体，结合区域内的山水风光，内容丰富，深受人们喜爱。但这类旅游线路未对其养生保健功能进行挖掘。虽然其中也有养生餐饮等单项产品，但总体上来看养生特色并不十分明显，属于泛园艺养生旅游的范畴。国内开发成功的案例很多，如中国洛阳牡丹文化节、浙江省四季鲜果采摘游等。

（二）园艺疗法

关于园艺疗法的实施，在国内进行的成功案例较少。随着园艺疗法市场需求日趋增加，

北京、福建等地也在筹建园艺疗法园。在 2011 年西安世界园艺博览会上，国人近距离感受了日本的园艺疗法园。

任务思考

1. 园艺康养旅游的作用机制。
2. 园艺康养旅游产品设计开发实践。

项目总结

本项目的主要任务是学习园艺康养旅游的健康效应，鼓励学生尝试进行园艺康养旅游产品的设计开发实践应用。通过本项目中三个任务的学习，学生能够对园艺康养旅游产品有一定的认识。

项目实践

以小组为单位，通过百度搜索及调研，完成浙江省园艺康养旅游资源的调查，并结合当地的地域特色，完成园艺康养旅游市场定位及产品开发。

实训任务

本次实训需要完成浙江省园艺康养旅游资源调研（网上资料搜集与线上问卷调研相结合）及各地区园艺康养旅游产品开发现状对比，完成园艺康养旅游市场定位及产品开发。

实训步骤

（1）完成课前自学，结合知识拓展及网络学习平台，储备相关知识。
（2）实训过程中可采用线上线下混合学习的方式，以小组为单位共同完成，可采用头脑风暴法进行资料的收集、整理和分析。

任务考核

项目五任务考核表见表 5-1。

表 5-1 项目五任务考核表

考核内容	非常优秀	优秀	良好	合格	不合格
按时完成任务情况					
搜索整理信息能力					
小组团结协作能力					
小组汇报展示能力					
小组成果创新能力					
任务考核分值建议	非常优秀（90～100 分）、优秀（80～89 分）、良好（70～79 分）、合格（60～69 分）、不合格（59 分及以下）				

注：根据小组任务实施情况，结合表中考核内容完成小组任务考核评价。

课后提升

【案例分享1】

养老地产——疗养院

在规划养老地产园区时，将传统的园林绿化用地改成园艺种植，将土地分配给在此养老的老人，老人根据自己的意愿选择是否承种，承种土地的老人在此精心经营，或种花，或种植蔬菜，老人会在种植、收获中倾注情感，释放创意，获得自信与成就感，同时老人会在经营园艺的过程中相互沟通，分享彼此的晚年生活。有研究证实，园艺疗养对老人心情指数的提升是非常明显的。

如果仅是改变现有园林绿化的方式，将其变成老人参与性强的园艺种植，以实现园艺疗养，其中还存在着制度性的风险，需要一个能组织、指导老人进行园艺种植的角色，也是一个新的职业——园艺疗养师。园艺疗养师成为养老机构的重要角色，他能够提升老人的养老品质。园艺疗养师是经过园艺治疗的专业训练的，懂得园艺务实技巧，能够根据参与者不同的能力和需要，安排设计合适的园艺活动或与植物有关的活动，从而达到治疗效果的专业人员。在推行治疗前，园艺疗养师需要评估参与者的能力和需要，依照参与者个人的具体情况制订目标，并设计安排合适的园艺活动。园艺疗养师注重参与者的整个参与过程，完成目标任务只是其中的一个目的。一个优秀的园艺治疗师可作为职业培训师、职业康复治疗师、社区花园的协调员等。

总的来说，疗养院中的园艺疗法分为两个部分：一是从感受出发，通过农业园艺景观设计激发使用者在触觉、嗅觉、味觉、听觉和视觉等感官方面的疗效；二是通过课程设计让使用者积极参与进来，通过实践操作获得效益。

【案例分享2】

芝加哥康复研究所的园艺疗法实施实例

1977 年，在芝加哥园艺协会与芝加哥康复研究所（The Rehabilitation Institute of

Chicago，RIC）娱乐疗法部门的合作下，开始实施了先驱性的园艺疗法尝试。RIC 反复进行康复医学的最新技术的试验，并与在该方面进行技术研发的医科大学进行合作研究。为了使以脊髓损伤、头部外伤、头部震颤症、多发性硬化症为主的大部分患者能够自立生活，在娱乐疗法程序中导入了园艺疗法。

第一，程序内容。可以分为全年可以作业的室内程序与只限于温暖季节的室外程序。

① 室内程序：每周一次，每次 1～2 小时，内容有繁殖（可以利用带有照明设备的 3.6 米的扦插床）；植物管理，选购植物，利用植物进行室内装饰；吊篮、餐盘栽培、玻璃器皿栽培、盆栽、自然手工艺品、鲜花与干花的装饰等；阳台、露台的景观营造；组合盆栽制作；香草、蔬菜、花卉技术学习；人工照明庭园。

② 室外程序：适用于庭园要求的设施有高床花坛、带有滑轮的吊篮、轮椅可以行走的铺装地面等。程序内容：浇水；病虫害防治；施肥；地面覆盖；香草栽培、收获、加工、利用；鲜花与干花装饰用的草花栽培；改良工具的制作方法；利用植物进行阳台、露台的景观建造；蔬菜园设计。

第二，程序效果。程序效果如下：生活环境的改善；病房、护士工作室、会客室等因为植物的存在而变得柔和、舒适；形成了在此处生活的人、工作的人、前来会客的人的共有的舒适环境；培养对于植物的责任感；得到理学疗法部和作业疗法部很高的评价；学习了现实生活中有用的知识和技术；有成就感；通过室内、室外程序的实施，患者的身体得以康复或身体情况有所改善，为自我评价过低的人开辟了新的道路。

项目六

海洋康养旅游

项目导读

海洋旅游是以海洋为旅游场所,以探险、观光、娱乐、运动、疗养为目的的旅游活动形式。海洋面积辽阔,开发潜力很大。海洋空气中含有一定数量的碘、大量的氧、臭氧、碳酸钠和溴,灰尘极少,有利于人体健康,适于开展各种旅游活动。在海上旅行具有与陆地旅行迥然不同的趣味,游客可在海上观看日出日落,开展划船、海水浴及各种体育和探险项目,如游泳、潜水、冲浪、钓鱼、驰帆、赛艇等。游船是海洋旅游的主要交通工具。当今世界拥有数百艘豪华型游船,不仅可为游客提供食宿,而且具有各种服务项目和娱乐设施。本项目重点在于学习和了解海洋康养旅游的概述、健康功效等,促进国内海洋康养旅游产品的开发。

思维导图

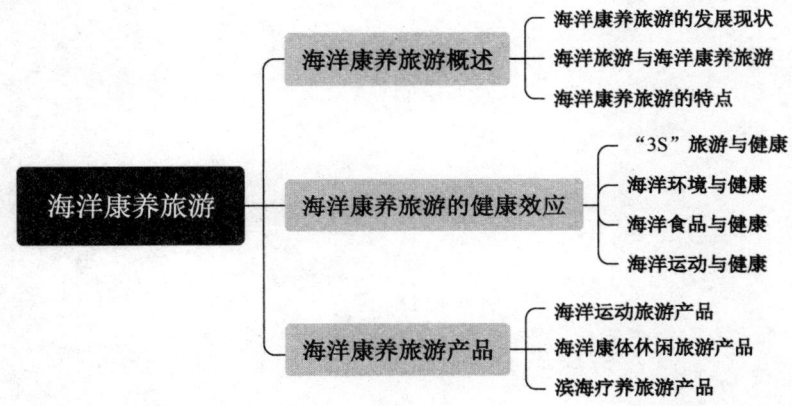

案例导入

山东是海洋康养旅游实施较早的省份之一,早在 2008 年之前,山东滨海在海滩健康旅游、海上专项健康旅游、体育赛事健康旅游等方面已有所发展。2008年，山东青岛承办奥运会帆船比赛，进而带动整个区域健康旅游的发展。山东借奥运会的东风，顺势打造"海滩小奥运"等健康旅游产品。其主要开发沙滩球类、沙滩自行车、沙滩摩托车、风筝、沙滩汽车等健康旅游活动项目；海上开发水上康体运动，如帆船、帆板、皮划艇、赛艇、滑水、冲浪、钓鱼、航模、龙舟等运动健康旅游项目；开发水中康体旅游项目，如游泳、跳水、水球、蹼泳等；开发空中康体旅游活动，包括滑翔机、热气球等；开发水路康体活动，包括海岛高尔夫、海岛求生等各类活动。山东通过建立海岛度假村、度假区、海底世界等方式，综合开发利用滨海健康旅游者资源，实现度假、观光和康体三者的完美结合，既可以在一定程度上满足人们在心理需求、身体需求、个性发展、健康恢复四个方面的需求，又可以延长游客的游玩时间，提高经济效益。

任务一
海洋康养旅游概述

任务目标

1. 了解海洋康养旅游的概念及内涵。
2. 了解海洋康养旅游的形成与发展。

任务分析

本任务为该项目下的第一个任务，了解和认识海洋康养旅游的概念及特点，有助于学生开展后续的任务，是后续学习的基础。

任务操作

一、海洋康养旅游的发展现状

当前，海洋旅游已成为旅游的热点之一，特别是中低纬度滨海地带海洋旅游的发展极为迅速。我国是海洋大国之一，海洋旅游胜景很多，具有"滩、海、景、特"四大特点。20世纪90年代，我国海洋旅游蓬勃兴起，沿海及海岛各地对海洋旅游业的发展非常重视，都把海洋旅游业作为经济发展的先导产业来抓。近年来，我国海洋旅游经济蓬勃发展，海洋旅游成为我国旅游研究的重要领域之一。2012年年底，国家旅游局确定2013年为"中国海洋旅游年"，宣传口号为"体验海洋，游览中国""海洋旅游，引领未来""海洋旅游，精彩无限"。可见，海洋旅游发展的地位、重要性日益显著，海洋旅游业成为绝大多数海洋旅游目的地的支柱产业。

海洋旅游日益受到重视，与当前旅游业从观光走向休闲度假的发展趋势息息相关。观光的主要目的是获得新、奇、异的感受，而休闲度假更关注人们身心健康的恢复与改善。

海洋康养旅游在海洋资源给人们带来保健效应的基础上，还通过各种活动方式，给游客带来放松、愉悦的体验。例如，有潜水、沙滩球类运动、海钓、海岛定向运动、海岛求生、海岛登山等活动。体力有限的老人可以参与轻松休闲健康活动，精力充沛的青年人可以在竞技中体现生命力和创造力，充满童趣的青少年能够享受娱乐性健康旅游活动。

二、海洋旅游与海洋康养旅游

（一）海洋旅游

海洋旅游是指人们在一定的社会经济条件下，以海洋为依托，以满足人们精神和物质需求为目的而进行的海洋游览、娱乐和度假等活动所产生的现象和关系的总和。海洋面积辽阔，景色优美壮观，气候宜人。

（二）海洋康养旅游

海洋康养旅游除了具备传统海洋旅游的基本特征，还具有康体保健的作用。例如，滨海气候适宜，气温变化不大，滨海地区空气清新，环境条件优越。这些都能够使人体内的代谢稳定，内脏负担均衡，对人体健康起到稳定的作用。海水和滩涂海泥中含有多种元素，对某些细菌和病毒有抑制和治疗作用。海边高浓度的负离子，具有镇痛、催眠、止咳、降压、减轻疲劳等作用，使人心旷神怡，对游客的健康大有裨益。另外，大海辽阔壮观，也能让人忘却烦恼、开阔胸襟、陶冶情操。

因此，基于海洋旅游的基本概念，同时又侧重其疗养保健的功能，本书将海洋康养旅游定义为：以海洋为旅游场所，以恢复和改善身心健康为目的的旅游活动形式。

三、海洋康养旅游的特点

海洋康养旅游除了具备传统旅游的基本特点，最主要的特点有以下两个。

（一）康体保健性

康体保健性特点主要基于海洋资源给人体带来的保健效应。例如，海水比热系数大，滨海气候适宜，气温变化不大，能够使人体内的代谢稳定，内脏负担均衡，对人体健康起着稳定作用。海水中含有多种元素，对某些细菌和病毒有很强的抑制作用。海水浴加日光浴对皮肤疾病有一定的疗效。海浪的撞击能够产生大量的负离子，这种含有高浓度负离子的空气，具有镇痛、催眠、止咳、降压、减轻疲劳等作用，使人心旷神怡，对健康大有益处。另外，大海辽阔，游客在滨海观光能够忘却烦恼，开阔胸襟，同时游泳、冲浪、划船也有利于锻炼坚强的意志、陶冶情操。

（二）参与体验性

海洋康养旅游，如海水浴、日光浴、海上运动等，无不具有高度的参与性和丰富的五官体验，游客不仅要身临其境，用五官去感受，更要用心去体会。尤其是面对海洋变化莫测的气候，游客要用不同的感官去体验。

面对宁静的大海时，风平浪静，开阔无边，迎面是那湿湿的风和盐味颇重的空气，这时可能会想起海明威《老人与海》中的主人公，孤独却纯真，宁静又坚毅。当内心宁静时，感知会特别敏锐和细腻。大海的宁静让疲惫的心灵得到了憩息的空间，使自我心境与天地自然有机交融。不难看出，宁静的环境与促进人的健康、提升人的品格有着十分密切的关系。而面对咆哮的大海，则会感受其雄浑和苍茫，自然也会感叹人生中的起起落落，也容易释怀往事中的不快和不顺。

任务思考

1. 简述海洋康养旅游的发展现状。
2. 简述海洋康养旅游的概念。

任务二
海洋康养旅游的健康效应

任务目标

熟悉海洋康养旅游的健康效应。

康养旅游基础

任务分析

作为该项目下的第二个任务,理解并掌握海洋康养旅游的健康效应,才能有的放矢地开发和设计海洋旅游产品。

任务操作

海洋康养旅游是以回归自然、休养、娱乐、健身为目的,到自然风光秀丽、娱乐设施完善的周边地区进行短暂的休闲健康活动的健康旅游,市场潜力巨大。

一、"3S"旅游与健康

目前,世界中低纬度滨海地带多是旅游的热点地区,各国都很重视对滨海旅游资源的开发。滨海地带成为旅游热点的原因,主要还是在于它所具有的健康效益,主要体现在以下三方面:一是海水(sea)、海滩(sand)、阳光(sun)(人们简称为"3S")及其他景物构成的综合景观,适宜消暑度假、休息疗养和游览观光;二是现代城市生活中,人们经过紧张的工作和学习后,都希望脱离嘈杂的环境,到海滨饱览大海风光,消除紧张劳动所造成的疲劳;三是海景中最壮观的海潮,更能吸引广大的游客,让人们感叹大自然的力量。

地中海沿岸的西班牙,依托气候资源,以空气、阳光、海水浴为主要卖点,向世界出售阳光和海滩,它的四大旅游区都位于海滨,并同其他风景区组成了纵横全国的旅游网络,使其成为旅游超级大国。浙江省海宁市盐官镇是中国唯一的潮乡,每年8月钱塘潮都会吸引大量的游客前来观看。

二、海洋环境与健康

海洋环境指地球上广大连续的海和洋的总水域,包括海水、溶解和悬浮于海水中的物质、海底沉积物和海洋生物。海洋是生命的摇篮和人类资源宝库。

从某种程度上说,生态环境质量是游客对健康旅游目的地选择的一个重要标准。工业发展相对滞后、环境污染最轻、空气质量良好的海滨度假地是各国旅游开发的热点地区。首先,海洋的空气中含有一定数量的碘、大量的氧、臭氧、碳酸钠和溴,灰尘极少,有利于人体健康,适于开展各种旅游活动;其次,海水被称为液体矿产,平均每立方公里的海水中有3 570万吨的矿物质,世界上已知的100多种元素中,80%可以在海水中找到。海水和海泥中都富含矿物质和对人体有益的微量元素，海中游泳和海泥浴等海洋康养旅游活动都有利于身体健康，甚至对某些疾病有治疗作用。最后，在海上旅行具有与陆地迥然不同的趣味，游客可在海上观看日出、日落，开展潜水、冲浪、钓鱼、帆船等活动，有利于游客旅游兴趣的提高，让游客心情彻底放松，产生愉悦的旅游体验。

三、海洋食品与健康

海洋生物资源是我们开发医药、食品的巨大宝库。鉴于海洋生物开发有广阔的前景，进入21世纪，美国、日本、英国政府对海洋开发的投资一直保持在国内生产总值的1.5%～2.0%，日本、澳大利亚和欧美各国投巨资建立了相应的海洋药物研究机构，可以说海洋健康产业的发展进入了快车道。随着陆生动物和植物的消亡和污染，海洋便成为人们开拓的新的健康产业资源。

海洋生物主要包括海洋动物和海洋植物两大类。海洋动物包括：鱼类（头足类），主要有大小黄鱼、墨鱼、带鱼、鲳鱼、鳗鱼等；贝壳类（软体动物），主要有虾、蟹等；爬行动物类，如海龟。海洋植物包括海苔（俗名"苦菜"）、石莼（俗名"海白菜"）、海带、裙带菜、紫菜、鹧鸪菜等。这些海洋里的动物和植物不仅味道鲜美，还具有很高的营养价值，有利于人体健康。另外初步的研究结果已经证实，海洋生物的保健作用非常突出，从鱼类和贝类中提取的牛磺酸具有抗氧化、稳定细胞膜的作用，能消除疲劳，提高视力，提高儿童智力水平。

四、海洋运动与健康

在海水中，可以开发游泳、潜水、冲浪、帆船、海钓、滑水、皮筏艇等运动；在海滩上，可开发沙滩排球、沙滩足球等运动项目；在海岛上还可开发拓展训练、海岛野外求生等项目。在滨海旅游区内旅游，空气清新、环境优美、景色壮观，是人们观景与锻炼的理想场所，也有利于人体健康和开展海洋健康运动。

任务思考

如何理解海洋康养旅游的健康效应？具体实践应用如何？

任务三
海洋康养旅游产品

任务目标

1. 了解海洋康养旅游产品的基本类型。
2. 熟悉海洋康养旅游产品的特点及主要市场人群。

任务分析

海洋康养旅游产品是海洋康养旅游活动的重要内容，作为本项目下的第三个任务，帮助学生熟悉海洋康养旅游产品的现有开发现状，启发学生的创新思考。

任务操作

海洋旅游资源种类丰富，湛蓝的海水、柔细的海滩、旖旎的滨海风光、美丽的海岛、淳朴的民风、悠久深远的海洋文化，这些都为海洋康养旅游产品的开发提供了良好的条件。海洋康养旅游产品的种类也十分丰富，如海水浴、海水游泳、滩涂泥疗、滩涂滑泥、海边瑜伽、海钓、沙滩日光浴、沙浴、游艇旅游、游轮旅游等。根据旅游产品的功能，可将海洋康养旅游产品分为海洋运动旅游产品、海洋康体休闲旅游产品和滨海疗养旅游产品。

一、海洋运动旅游产品

（一）海水浴与海水游泳

海水浴是指在天然海水中浸泡、冲洗或游泳的一种健身防病方法。因海水中含有大量的氯化钠、氯化镁、溴化钾、硫化镁等无机盐和微量元素，有益于皮肤病的防治。实践表明，海水浴对过敏性皮炎、日光皮炎、神经性皮炎、牛皮癣、湿疹、痱子等皮肤病都有一定的疗效。在海水浴的过程中，由于海水的浮力和静水压力，可以起到按摩、消肿、止痛的功效，同时还能促进血液循环并使血管舒张，起到降压的作用。

海水浴的健康功效

海水的温度对机体的刺激作用如同冷水浴，海水中的多种盐类可刺激皮肤，使毛细血管轻度充血，促进循环和代谢，海水的压力、冲击力、阻力等机械作用可提高心肺功能。另外，壮丽的自然景观，湿润的海洋气候，日光照射，海风吹拂，令人心旷神怡。海水浴的综合效能对身心的影响作用是室内浴所不可取代的。此外，由于受到海水的浮力作用，人体运动器官负荷变轻，肌张力降低，肌糖原和肌红蛋白储存量明显增多，可以改善肌肉、关节、骨骼组织代谢及营养供给，有利于某些运动系统疾患的功能康复。

（二）沙滩排球

沙滩排球，简称"沙排"，风靡全世界的一项体育运动，起源于20世纪20年代的美国。沙滩排球比赛场地包括比赛场区和无障碍区。比赛场区为16米×8米的长方形。场地边线外和端线外的无障碍区至少宽5米，最多6米，比赛场地上空的无障碍空间至少高12.5米。

沙滩排球的健康功效

（三）冲浪

冲浪是以海浪为动力的极限运动，冲浪者在海里有适宜海浪的地方俯卧或坐在冲浪板上等待，当合适的海浪逐渐靠近的时候，冲浪者调整板头方向，俯卧在冲浪板上顺着海浪的方向划水，给冲浪板足够的速度使其保持在海浪的前面，当海浪推动冲浪板滑动时，冲浪者站起身体，两腿前后自然站立，两膝微屈，利用身体重心、肩膀和后腿控制冲浪板的走向。冲浪可以让人们忘却烦恼，体验一次次与海浪搏击、驰骋在海浪上的快感。

冲浪运动是极限运动的一种，在海上进行冲浪运动需要很多的技巧及很好的身体素质，同时冲浪运动有利于增强人的身体素质，它给人们带来的好处是明显而且有用的。

冲浪的健康功效

（四）滑泥

滑泥，顾名思义，就是在滩涂上的滑行运动。就像滑雪需要滑雪板、滑沙需要滑沙板一样，滑泥则需要一种叫海马的工具。海马，又名泥橇，俗称泥滑板。这是一种前尖后宽、前翘后平的船形木板，中间有扶手档，尾部垫有软物。滑泥者单腿屈膝跪在海马尾部的软物上，双手扶档，另一腿向后踩泥，海马便带着滑泥者自动向前滑动。若需要转弯，则需要一些技巧，扶档的左右手和踩泥的脚要相互配合。浙江省舟山市岱山县有个秀山岛滑泥主题公园，它是目前中国首个以泥为主题的公园，包括滑泥运动区和泥疗休闲度假区。经检测，园内滩涂海泥中含有多种对人体有益的维生素、氨基酸、矿物质和微量元素，具有保健、护肤、杀菌等功效。由此可见，该项目具有广阔的发展潜力和市场开发前景，将会受到越来越多崇尚自然、爱好运动、追求健康之士的青睐。

二、海洋康体休闲旅游产品

（一）海钓

海钓是指在海边钓鱼，海钓的主要对象是鲈鱼、黄鱼、鳕鱼、带鱼、石斑鱼、鳗鱼等。由于海中的鱼类是咸水鱼类，它们比淡水鱼类更凶猛，更加贪吃，因此更容易被人们钓取。

海钓是休闲也是运动，一是既刺激又富有乐趣，二是还能锻炼身体。一名优秀的海钓手，不仅要具备丰富的海钓知识，还要熟练攀岩、登山、航海、游泳等技能，并要有负重行走的能力，因为需要背负重达50斤至80斤的海钓装备，在礁石上连爬带走。特别是在夏天海钓，还要忍受高温的煎熬，没有良好的身体素质是顶不住的。

（二）游艇旅游

游艇，是一种水上娱乐用高级耐用消费品。它集航海、运动、娱乐、休闲等功能于一体，满足个人及家庭享受生活的需要。在发达国家，游艇像轿车一样多为私人拥有。在今天，游艇已经是人们周末度假、休闲娱乐的一种工具。依国际标准，游艇的规格是以英尺计算的，根据尺寸大小分为三种：36英尺（约11米）以下为小型游艇、36~60英尺（约11~18米）为中型游艇、60英尺（约18米）以上为大型豪华游艇。

（三）邮轮旅游

邮轮旅游是用邮轮将一个或多个旅游目的地联系起来的旅游行程。这种旅行方式始于18世纪末，兴盛于20世纪60年代。邮轮度假风潮是由欧洲贵族开创的，它是一种优雅、闲适、自由的旅行，是欧美人最向往的度假方式之一。

邮轮是海上漂浮的度假村，省去车马劳顿，能够让游客享受旅游的每分每秒。邮轮的精彩生活一般从晚上开始，盛大的晚宴、各色的酒店、演出、剧场会让黑夜变得那么短暂。而中午则是邮轮的早晨，因为只有吃完午饭，邮轮才开始热闹起来，游客在甲板上享受日光浴、在泳池游泳、在健身房做运动、在美容室做SPA、在咖啡馆聊天等。

邮轮旅游的市场优势

三、滨海疗养旅游产品

（一）沙滩日光浴

沙滩日光浴是指按照一定的方法使日光照射在人体上，引起一系列生理、生化反应的旅游产品。让肌肤暴露在阳光的紫外线下让皮肤的黑色素产生而变黑，又称为"美黑"。但是随着过量暴晒会形成日照灼伤即所谓的"晒伤"。

日光浴是一种利用日光进行锻炼或防治慢性病的方法，主要是让日光照射到人体皮肤上，引起一系列理化反应，以达到健身治病的目的。日光浴常和冷水浴、空气浴结合运用。日光中有肉眼看不见的、具有温热作用的红外线，有起化学作用的紫外线及可见光线。紫外线能将皮肤中的7-脱氢胆固醇变成维生素D，可改善钙、磷代谢，防治佝偻病和骨软化症，促进各种结核灶钙化、骨折复位后的愈合及防止牙齿松动等。红外线能透过表皮达到深部组织，使照射部位组织温度升高，血管扩张，血流加快，血液循环改善。如果长时间较强烈地照射，可使全身的温度升高。日光中的可见光线主要通过视觉和皮肤对人有振奋情绪的作用，能使人心情舒畅。紫外线是日光中对人体作用最强的光谱，能够加强血液和淋巴循环，促进物质代谢过程；可使皮肤中的麦角固醇转变成维生素D，调节钙磷代谢，促使骨骼正常发育。但是大量的紫外线照射，可使皮肤产生红斑，皮肤细胞蛋白质分解变性，释放出类组织胺进入血液，刺激造血系统，使红细胞、白细胞、血小板增加，使吞噬细胞更加活跃。反复进行日光照射，由于紫外线使皮肤里的黑色素原转变成黑色素，照晒的皮肤便呈现一种均匀健康的黝黑色。黑色素又能把更多的日光辐射吸收，转变成热能，刺激汗腺分泌。日光又是一种天然的消毒剂，各种微生物在紫外线的照射下很快失去活力。但享受日光浴的同时还应做好防护工作。

（二）海边瑜伽

"瑜伽"这个词最早是从印度梵语而来，其含义为"一致""结合"或"和谐"。瑜伽源于古印度，是古印度六大哲学派别中的一系，探寻"梵我合一"的道理与方法。而现代人所称的瑜伽则是主要是一系列的修身养心方法。

瑜伽姿势运用古老而易于掌握的技巧，改善人们生理、心理、情感和精神方面的能力，是一种达到身体、心灵与精神和谐统一的运动方式，包括调身的体位法、调息的呼吸法、调心的冥想法等，以达至身心的合一。瑜伽是一个通过提升意识，帮助人类充分发挥潜能的体系。

现代人吸取其有益精华，发现瑜伽的好处不胜枚举。瑜伽能加速新陈代谢、修复形体、从内及外调理养颜；瑜伽能培养人们优雅的气质、轻盈的体态，提高人的内外在的气质；瑜伽能增强身体力量和肌体弹性，使身体四肢均衡发展，使人变得越来越开朗、充满活力、身心愉悦；瑜伽能预防和治疗各种身心相关的疾病，对背痛、肩痛、颈痛、头痛、关节痛、失眠、消化系统紊乱、痛经、脱发等都有显著疗效；瑜伽能调节身心系统，改善血液环境，促进内分泌平衡，使内在充满能量。由于瑜伽使包括脑部在内的腺体神经系统产生回春效果，心智情绪自然会呈现积极状态。它会使人更有自信，更热诚，而且比较乐观，每天的生活也会变得更有创意。

在浩瀚宁静的海边，晨光熹微中，自然站立，来一个深呼吸，练习瑜伽，面朝大海，放松身心，瑜伽的柔美与礁石的刚毅融为一体，将自己置身于宁静空旷的自然环境中。面朝大海、释放压力、舒缓身心，以健康放松的方式来迎接美好的一天，这是海边瑜伽带给游客的健康体验。

（三）滩涂泥疗

滩涂泥疗是指将泥加热稀释后入浴或包缠患病部位，利用其温热作用进行治疗谓之泥疗。

泥疗的健康效应及注意事项

根据泥土的结构、成分的不同，医疗泥分为黏土泥、沃土泥、碳土泥和人工泥。海滩泥疗的土属于黏土，这种泥经过多年淤积，内含动植物的残骸、水藻类、水草、甲壳类等，在缺氧的情况下，各种微生物的活动发生了复杂的物理、化学变化，由胶质物、有机物及其他分解产生的物质混合而成。黏土泥呈深黑褐色或黑青色，有硫化氢的气味，味似苦碱，由于弹性及黏性大，所以粘在皮肤上不易洗净。黏土泥里一般不包含植物残余。黏土泥里无机物含量大，因此也叫无机黏土泥。黏土泥之晶体成分占全泥重量的20%～50%，胶质成分及有机物占2%～9%，黏性成分占50%～60%。黏土泥的pH值为6～8。黏土泥的热度相当低，传热系数比其他泥高，热能容量比其他泥低。中国盛产黏土泥，尤其在沿海地带广泛分布。

任务思考

海洋康养旅游产品开发现状如何？如何创新？

项目总结

本项目的主要任务是学习海洋康养旅游的健康效应，鼓励学生尝试进行海洋康养旅游的实践应用。通过本项目中三个任务的学习，学生能够对海洋康养旅游产品有一定的认识。

项目实践

以小组为单位，通过百度搜索及调研，完成浙江省舟山市海洋康养旅游资源的调查，并结合当地的地域特色，完成舟山市海洋康养旅游市场定位及产品开发。

实训任务

本次实训需要完成浙江省舟山市海洋康养旅游资源调研（网上资料搜集与线上问卷调

研相结合）及海洋康养旅游产品开发现状对比，完成浙江省舟山市海洋康养旅游市场定位及产品开发。

实训步骤

（1）完成课前自学，结合知识拓展及网络学习平台，储备相关知识。

（2）实训过程中可采用线上线下混合学习的方式，以小组为单位共同完成，可采用头脑风暴法进行资料的收集、整理和分析。

任务考核

项目六任务考核表见表6-1。

表6-1　项目六任务考核表

考核内容	非常优秀	优秀	良好	合格	不合格
按时完成任务情况					
搜索整理信息能力					
小组团结协作能力					
小组汇报展示能力					
小组成果创新能力					
任务考核分值建议	非常优秀（90～100分）、优秀（80～89分）、良好（70～79分）、合格（60～69分）、不合格（59分及以下）				

注：根据小组任务实施情况，结合表中考核内容完成小组任务考核评价。

课后提升

【案例分享】

舟山秀山岛滑泥主题公园（以下简称"公园"）是中国首个以泥为主题的公园，包括滑泥运动区和泥疗休闲度假区。公园分大、中、小三个活动功能区域，主要开展以泥为主题特色的旅游项目，此举开辟了中国旅游之先河。公园设有风帆滑泥、木桶滑泥、泥竞技比赛、现代泥瘦身、攀泥运动、泥浴、泥疗、泥钓等项目，内容丰富、有趣、刺激。除了有滩涂滑泥游乐、滩涂拾贝、赶海等吸引游客参与的项目，还有专门的指导教练和滑泥表演队。用滑泥的专业工具"踏槽"滑行在秀山专有的滩涂海泥中，能清晰地感受到泥巴与肌肤接触的舒适与清凉。其实，滑泥就像赶海一样，如果游客深刻领悟教练所说的要领，还可以在泥涂中抓到鱼虾、海蟹，或是海瓜子、蛏子等海产品，带来意外的惊喜。

其实，纯天然的泥疗是滑泥主题公园中除滑泥之外的特色项目，经常会有上海、浙江等地的白领们用周末的时间到这里做泥疗，放松身心。

公园内还有泥疗服务中心，设有天然神泥宫保健室、泥疗室及温泉浴等设施，而泥疗又分为热泥浆浴、局部泥敷、埋敷躯体几种疗法，通常是把身体浸泡在富有多种矿物质、含有名贵中草药的泥浆中，或是把它们匀称地敷在身上，有松弛肌肉、滋润肌肤、促进新陈代谢、调节自主神经系统等功能，是自然、新颖、奇特、野味十足的保健方法。

项目七

中医康养旅游

项目导读

中医养生法历史悠久，方法多样，在医生的指导下正确进行的中医养生，有助于调理身心、强身健体。伴随旅游业与中医药产业的融合发展，中医药健康旅游逐渐兴起。中医康养旅游既是改善人们健康状况的公共卫生事业，又是提高人们生活品质的经济产业，近年来在国家出台的一系列政策文件的推动下，中医康养旅游的发展迎来了政策鼓励、市场看好、资本重视的良好局面，发展较为迅速。

思维导图

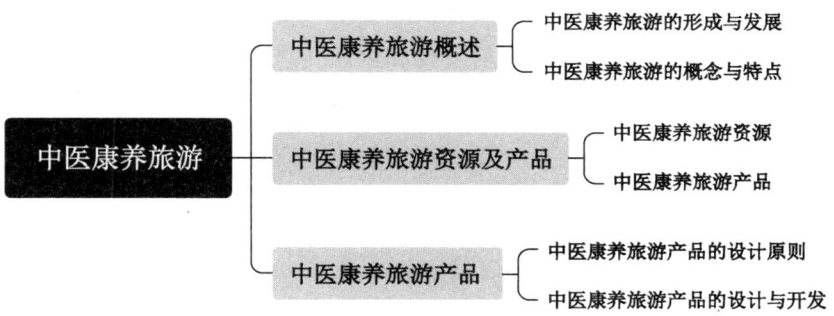

案例导入

浙江桐庐健康养生文化村

桐庐，传承至今的古行政区名，意为桐君老人于桐君山下，结庐采药、治病救人。相传桐君老人是上古时药学家，黄帝臣，以擅长本草著称，桐庐在人们心中也成了名副其实的"中医药鼻祖圣地"。江南养生文化村背靠大奇山国家森林公园，与桐庐县城无缝对接，三面环山，一面临着富春江，宛如世外桃源，是桐庐富春山健康城的核心区块。整个区域环境优势明显，森林覆盖率超过80%，全年有340天的空气质量达到或优于二级标准优良天数，$PM_{2.5}$浓度年均值低于35，空气中富含丰富的负氧离子，每立方厘米达到2 578个，远超国家六级标准。

江南养生文化村是国内首个将中医药"治未病"理念和健康管理科学体系有机结合的落地服务项目，联合中国中医科学院等权威科研机构，自主研发江南健康促进体系，通过精准检测、系统评估、全面干预的全流程服务，辅以"健康促进信息系统"，提供个性化健康管理方案，并融入日常生活，将健康干预手段融入日常生活，带来了健康促进服务的新模式。同时，江南养生文化村一直致力于打造以"绿色""系统"为根本，以中医药调理为特色的睡眠服务产品。在睡眠诊疗上，江南养生文化村摒除化学药物干预，从环境、医疗、饮食、运动、心理、生活习惯六大方面帮助客户养成良好的睡眠习惯，并同步结合线下度假村式园区服务。

任务一 中医康养旅游概述

中医康养旅游的兴起和发展是人们对健康意识观念的逐步改变与增强，以及追求健康生活的潜意识推动的结果，也是传承发扬和创新传统中医药资源、加强中医药科普教育、弘扬与振兴我国中医药事业、促进我国经济新常态和中医药事业进一步发展的新驱动力。

任务目标

1. 了解中医康养旅游的形成与发展。
2. 认识并理解中医康养旅游的内涵、概念及特点。

任务分析

此任务是本项目的第一个任务，了解中医康养旅游的形成与发展历程，学习并正确认识中医康养旅游的内涵、概念及特点，有助于正确认知中医康养旅游资源与产品的设计开发，是后续学习的前提和基础。

任务操作

一、中医康养旅游的形成与发展

我国幅员辽阔，中医药资源更是独具特色。但是由于中医药资源长期受重视程度不够，相关产业的发展较为滞后。诸多实践证明，在治疗过程中坚持中西医结合、中西医并用的原则，让中医药贯穿疾病预防、治疗和康复全过程，能够为患者提供最佳的治疗效果。习近平总书记曾指出："中西医结合、中西药并用，是这次疫情防控的一大特点，也是中医药传承精华、守正创新的生动实践。"在各地疫情防控中，中医药也发挥了独特优势，助力早发现、早报告、早隔离、早治疗，为人民的健康事业交出了一份出色的答卷。

其实，在2020年以前，中医中药、中国传统健身方法和中医新成就在世界上已经影响广泛，成为境外人士来中国旅游的重要项目。健康观念的兴起，使得休闲、养生型的旅游方式成为当前的主流，中医药旅游吸引了大量游客，特别是北京、上海、广州积极推动中医药旅游项目实施，北戴河、杭州、南京、三亚等旅游胜地也相继推出中医药医疗旅游服务，表明中医旅游在国内蕴藏着巨大的消费市场。

每年都有许多外国人来我国就医、参观学习，考察和洽谈中药材贸易。随着传统的旅游活动陷入发展瓶颈，单一的观光、休闲、购物等不能满足人们多元化的需求，再加上受到疫情防控的影响，传统的旅游活动更是严重被阻碍。中医药是优秀的传统文化宝库，是得天独厚的旅游资源，中医康养旅游是新兴的健康服务产业，结合了中医药事业与旅游业两大资源，同时具有中国特色和独特的传统文化底蕴。因此，中医药与旅游业融合发展是市场经济下的历史必然结果。中医药健康旅游产业的发展，可以改善中医药和旅游相关企业结构与布局，引导中医药旅游及健康服务相关产业的整合，进而实现相关产业集群战略与优化组合，集中将各地特色中医药自然观光及健康服务资源优势转化为产业优势，提高中医药和传统自然观光旅游相关产业的生产效率和市场竞争力，推进市场经济建设。因此，发展中医药健康旅游产业可以促进资源优势转化为产业优势，推进产业转型升级，促进经济发展。

二、中医康养旅游的概念与特点

（一）中医康养旅游的概念

养生旅游起源于20世纪30年代的美国、墨西哥，以健身活动与医疗护理项目为特征，满足游客追求轻松、平衡的生活状态和逃避工业城市化所带来的人口拥挤、环境污染等问题。我国的养生旅游始于 2000 年三亚保健康复旅游和南宁中药养生旅游，逐渐成为国内旅游发展的热点。

关于养生旅游，伯尔尼大学休闲旅游研究中心提出："养生旅游是指以维护健康或促进健康为主要需求动机的空间移动活动所引起的各种关系和现象的总和。"夏威夷养生旅游组织提出，养生旅游是"以追求身体、感情、精神、灵魂平衡和谐为目的的旅游活动"。我国学者周刚提出，养生旅游是旅游活动的一种，是以养生为目的来选择景点，安排内容和进展，考虑节奏快慢的一种旅游活动。

在世界养生旅游繁荣发展的同时，在差异化、特色化与市场的认同原则的作用下，我国学者达成共识，认为我国养生旅游的重点发展方向应该为中医养生旅游。中医养生旅游作为一种新兴产业，目前尚无官方定义，我国多数学者认为中医康养旅游是旅游业发展到一定阶段后，依托深厚的中医药文化内涵、独特的理论体系和内容，以及各种中医医疗保健手段、中药材资源而产生的一种新型旅游方式。

（二）中医康养旅游的特点

中医康养旅游是体现天人合一，融合养生文化、养生产业和生态旅游方式于一体的一种体验式旅游形式，是养生文化、科学与自然的一体化旅游。其内涵主要体现在如下三个方面：其一，中医康养旅游是以养生为目的而开展的旅游活动；其二，中医康养旅游的开展基础，特别是资源基础，强调生态性；其三，中医康养旅游体现了中医养生文化和中医养生观，也彰显了中医养生文化和旅游文化，其文化特性是一种兼备自然生态和人文内涵、引导人们健康养生的养生旅游文化。中医康养旅游具有以下特征。

① 目的性。以养生为动机，以养生为追求，以养生为目的，通过养生之旅，选择适当的中医养生项目，得到休养生息，健康延年。

② 参与性。养生旅游就是参与性旅游，通过参与旅游过程中各种形式的中医养生活动，参与中国传统养生文化的学习，得到养生康体的体验与效果，得到精神放松。

③ 长时性。养生旅游者需要在中医养生旅游目的地停留较长时间。短期为三五日、一个星期或 10 天；中期为半个月或 20 天；长期为一个月、数月、半年或更长时间。通过一段时间的养生调理，以达到强身健体、祛除疾病的养生旅游目的。

④ 慢游性。养生旅游强化了旅游的休闲与养生的性质，改变了快节奏的"走马观花"旅游，使旅游生活平和与安详，富有诗情画意。

养生旅游的意义在于收获身与心的养护。中医养生旅游是一种交往与放松的旅游能够让游客心情愉快。养生旅游是一种特殊的学习生活，学习儒家养生文化、道教养生术、佛教养生术，学习膳斋调养，学习琴棋书画，学习吐纳、太极、诗词、歌舞、戏曲弹唱，调节游客的心情，缓解游客的躁、忧、悲、惊、怒等情绪，使其身体进行科学运动，达到强身健体的养生旅游目的。

任务思考

如何理解中医康养旅游的健康效应？

任务二
中医康养旅游资源及产品

任务目标

1. 熟悉中医康养旅游资源的特点。
2. 熟悉中医康养旅游产品的类型。

任务分析

在第一个任务中，我们已经学习了中医康养旅游的概念，理解了中医康养旅游的内涵，此任务是该项目下的第二个任务，在前一个任务的基础上，更能正确认识中医康养旅游资源的特点，熟悉中医康养旅游产品的类型，并为接下来的产品设计与开发作铺垫。

任务操作

一、中医康养旅游资源

中医康养旅游资源是一种特殊的旅游资源，是中医养生旅游的核心，是指对中医健康旅游者具有吸引力，能满足游客追求身心健康、延年益寿的目的，能激发游客的养生旅游动机，可为旅游产业利用，可产生经济、社会、环境效益的各种事物和因素的总和。在市场上，一方面可考量中医药资源对游客的吸引力及其规模的大小，另一方面需要明确其作为旅游资源的特点，并创造相应的旅游环境。

（一）中医康养旅游资源的特点

中医康养旅游资源与一般旅游资源相比，除考虑旅游资源要素价值、观赏游憩使价值、历史文化价值、规模、丰度、完整性等一般旅游资源的评价标准外，还应具备以下特点。

1. 专业性

与其他类型的旅游资源相比，中医康养旅游资源属于医学专业领域，中医康养旅游资源的医学专业性较强，涉及医药安全，其评价和开发都需要在中医药相关专业人员的协助下才能完成。

2. 功能性

除了休闲、放松、求新、审美等一般旅游资源能够实现的功能，游客对中医康养旅游资源还有或治病或康体等医疗保健的功能要求。

3. 文化性

作为一门医学，中国传统医学具有非常鲜明的文化性。现代医学只有几百年的历史，而中国传统医学经过几千年的积淀，早已是中国文化中不可或缺的一部分，其科学性或许仍有争议，但其文化性却是毋庸置疑的，而我国各个民族都有着自己的传统医学，共同组成了丰富的中医体系，体现着各自的民族文化。

4. 环境性

中医所倡导的生活方式和生活环境不仅体现了人与自然、人与社会的和谐统一，有利于身心健康，更体现出一种"天人合一"的中国传统美学和哲学精神，与现代人实际的生活方式和环境大不相同，却令人向往，能够激发人的旅游动机，正如杨振之教授所说：旅游的本质是人诗意地栖居。

（二）中医康养旅游资源的分类

中医康养提出的形神共养、协调阴阳、顺应自然、饮食调养、谨慎起居、调和脏腑、通畅经络、节欲保精、益气调息、动静适宜等一系列的医疗原则，是中国养生学的理论基础和指导原则，使食养、食节、食忌、食禁的饮食养生和利用药养、药治、药忌、药禁等药物保健养生，以及针灸、按摩、推拿、拔火罐等养生旅游活动具有科学的依据。

中医康养旅游资源具有广泛性和多元性，随着科学的发展，人们还将有更新和更深的认识。在中华民族几千年以来不断地传承和发展之下，形成了中医药资源的巨大宝库，虽无法在有限的篇幅内作详尽的梳理，但可以对中医药资源进行分类式的汇总，从而成为中医药旅游资源的分类和评价的基础。

1. 中医理论

中医不仅是中国人几千年来医疗实践的经验总结,更是中国哲学思想的结晶和传统文化的重要组成部分。中医理论广泛吸收春秋到先秦时期儒家、道家、阴阳家等各个流派的思想,并不断发展,最终形成了一门哲学化的医学。中医理论中的很多观念都不仅是医学观念,也是哲学观念,如源自阴阳家的五行学说、源于周易象数思维的脏象学说、源自儒家的君臣佐使组方原则等。中医哲学主要包括气一元论、阴阳学说、五行学说、整体观念、恒动观念、辨证观念等;中医基础理论主要包括脏腑学说、气血精津液学说、体质学说、经络学说、六淫七情、正邪阴阳等,以及中医史、名人典籍。

2. 中医诊疗

中医诊断主要包括四诊即望、闻、问、切,八纲辨证即阴阳、表里、寒热、虚实的辨证诊断,以及病因辨证、气血津液辨证、脏腑辨证、经络辨证、六经辨证、卫气营血辨证和三焦辨证等。

中医治疗方法多样,内科治疗主要包括解表法、清热法、攻下法、和解法、温里法、补益法、消导(消散)法、理气法、理血法、固涩法、开窍法、镇痉法;外科治疗主要包括引流法、垫棉法、药筒拔法、针灸法、熏法、熨法、热烘疗法、针刺疗法、洗涤法、外科手术(切开法、烙法、砭镰法、挂线法、结扎法等);中药治疗主要包括中药种类、中药采集与贮藏、中药炮制、中药性能(四气五味、归经、升降浮沉)、中药配伍应用;针灸治疗主要包括毫针刺法、灸法、拔罐法、耳针头针疗法、按摩疗法、发泡疗法、熏洗疗法、敷药法、热熨法、贴药法、吹药法等。

3. 中医养生

除了上述中医诊疗体系,在中医"治未病"的主导思想下,还发展出了独特而丰富的中医养生法。与西方养生法基于营养学不同的是,中医养生不仅强调身体的保健,更注重身心的和谐,其天人相应、和谐统一、动静互涵、三因制宜、形神合一等基本养生原则,已经超越了简单的身体保养,上升为一种生活方式、一种民族文化、一种东方智慧和哲学。

中医养生主要包括中医养生的基本观念、中医养生原则、精神养生、环境养生、起居作息养生、睡眠养生、药膳食疗、房事养生、运动养生(气功、五禽戏、太极拳、八段锦、易筋经)、娱乐养生、浴身养生、保健针灸按摩、药物养生、因人养生、体质养生、部位养生、因时养生、区域养生等。

4. 中医文化景观

中医千年传承出现了许多载体,这些载体既有以上三点理论与实践的应用,也有很多

实实在在的药物。例如，全国各地都在兴起的中药养生园区类健康基地、名医名药的传说及旧地故居、道地药材的示范基地、各种专门性的中医药博物馆、一大批传统老字号中医品牌及国药等，既可以参观，又可以综合体验及购物。

二、中医康养旅游产品

中医康养旅游是近些年中医药和旅游产业融合发展的产物，是中医药健康服务的延伸和旅游业的拓展。2015年11月，国家旅游局和国家中医药管理局联合下发了《关于促进中医药健康旅游发展的指导意见》（以下简称《意见》），《意见》将开发中医药健康旅游产品列为首要重点任务；提出要针对不同游客的需求，大力开发中医药观光旅游、中医药文化体验旅游、中医药养生体验旅游、中医药特色医疗旅游、中医药疗养康复旅游、中医药美容保健旅游、中医药会展节庆旅游、中医药购物旅游、传统医疗体育旅游及中医药科普教育等旅游产品。《意见》中对中医药健康旅游产品的分类较为细致。根据现有研究，中医药健康旅游基地所能提供的产品主要分为6大类，关于其特点与内涵，具体为：

① 养生保健类产品：以中医理论为指导，以中医药特色疗法为主，以健康、养生、养生保健为主要目的所提供的系列非治疗类产品中医药服务，如推拿、足疗、药膳、药饮等。

② 医疗保健类产品：主要开展中医针灸、拔罐、刮痧、体质鉴别、治未病等服务，同时也可邀请名医坐诊，吸引游客了解和感受中医药。

③ 美容保健类产品：在中医基础理论和人体美学理论指导下，利用中医技术与中医药资源，将传统理论与现代科技结合，开发塑形美体、延年驻颜的美容保健产品。

④ 观光与文化体验类产品：依托中医药自然资源与人文资源优势，开发相应的观光与体验活动，让游客在观光活动中认识中医药、感受中医药、熟悉中医药，在体验中加深对中医药的认识和了解，提升对中医药文化的认同。

⑤ 购物旅游类产品：中医药健康旅游基地中销售中医药资源和文化所直接产生或衍生而来的产品，如道地药材、中药饮片、中医器械、药妆、药饮等。

⑥ 学术会展类产品：主要是通过举办大型会议、会展、节庆等活动，吸引游客关注，让他们了解中医药、认识中医药，在活动中普及中医药知识、传播中医药文化。

任务思考

1. 中医康养旅游资源的特点。
2. 中医康养旅游产品的类型。

任务三
中医康养旅游产品

任务目标

1. 理解中医康养旅游产品设计与开发的要点。
2. 熟悉不同中医康养旅游产品的设计与开发。

任务分析

此任务是该项目下的第三个任务,在前两个任务的基础上完成不同类型的中医康养旅游产品的设计与开发。

任务操作

一、中医康养旅游产品的设计原则

中医康养旅游产品的设计原则主要包括以下3个方面。
(1)中医养生与旅游相结合,在休闲的基础上有效协调养生旅游活动;
(2)充分认识和理解中医养生科学的原理、方法、技术、功效和内容,按照旅游产品开发的要求,科学选择中医养生资源。
(3)充分认识和理解传统养生资源的性质,进行旅游项目设计和旅游产品组织。

二、中医康养旅游产品的设计与开发

(一)养生保健类产品的设计与开发

随着养生保健理念的兴起,市面上出现了各类中医养生馆,推拿、药膳等服务已经成为人们生活中增进健康、疗养休息的重要内容。养生保健类产品是中医康养旅游产品的重点内容,中医药文化特色鲜明,对硬件设施的要求相对较低。研究表明,游客在对具体产品的选择上存在着一定的差异性,相关健康旅游基地或者综合体在产品开发策略上也要有所侧重。

1. 功能概述与资源依托

养生保健类产品是指在中医药理论体系指导下，以中医药特色疗法为手段，开展推拿、足疗、药膳等中医康养保健服务，从而使游客放松身心。

此类产品中主要资源依托于三部分：一是能够提供相应服务的专业化人才；二是药剂、药饮等服务所需的中药材资源；三是良好的环境，可以开展推拿按摩、功法教学体验、禅修等服务。

2. 产品内容与目标市场

（1）大众产品

推拿按摩、药膳、足疗保健、养生功法及药饮这五种产品较受欢迎，市场需求较大，可将这五种产品作为养生保健类产品进行开发。

随着社会的全面发展和人们生活水平的提高，市场上出现了各类养生和休闲会所，而推拿和足疗是各类休闲会所和养生保健机构的主要产品和服务，各大度假村和高端酒店也推出推拿、足疗保健服务。

推拿主要是通过各种手法在人体经络上进行治疗的一种方式。它既是一种医疗手段，更是一种保健方式，可达到疏经通络、行气活血、放松身心等疗效。由于其绿色天然，治疗便捷，不受时间、地点、气候等条件的限制，且疗效好，因此受到越来越多的人的欢迎，已经成为广大群众所喜爱的养生保健方式。其适用群体广，服务开展简单便捷，除对推拿师的技术水平要求高外，并无太多硬件要求。

足疗在中医文化中源远流长，也是源于中医脏腑和经络理论，主要包括足部按摩和足浴两种形式。目前，足疗已经成为人们日常生活和工作中养生保健的一部分，并且已经形成规模与品牌。足疗在调和气血、增强血液循环、促进新陈代谢、放松身心等方面疗效显著。足部按摩与中药足浴已经成为各类足疗保健的重要内容，但手法及足浴药水的成分需要规范。同推拿一样，足疗保健的目标市场同样广泛，适合各类群体，但也需要注意相应服务的适应性，保证服务人员的技术水平。

"民以食为天""药补不如食补"等传统观念的存在，使中国人对"药食同源"的理念更加认可，具备养生保健功能的药膳格外引人关注，它能根据游客的体质进行有针对性的调理。而且饮食也是旅游活动中必不可少的要素之一，药膳除了能促进健康，还能增加游客的体验性。

伴随生活条件的改善，健身运动也受到人们关注。2021年7月18日，国务院印发《全民健身计划（2021—2025年）》，以促进全民健身更高水平发展，更好满足人民群众的健身和健康需求。传统的中医导引气功，不仅是形体运动，更是身心调养的重要手段。其修身养性、调息安神效果颇佳，不仅是一时的体验，还能运用于日常保健。

药饮（药茶、药酒等）一直是传统中医养生保健的重要方式，经常饮用针对性的药饮可以达到防治疾病、修复身体、健康保健的目的。目前市场上出现了各类中药饮品如中药茶和中药酒。中药饮品在中医药健康旅游基地中拥有巨大的消费市场，可以配合药膳或者其他养生保健服务，根据游客的身体情况和需求，提供针对性中药饮品。

对于以上提出的五种养生保健类产品，既可以单独进行专项开发，也可与基地服务进行融合发展。例如，游客可以欣赏中医药健康旅游基地的秀美风景，学习传统太极、五禽戏、八段锦等养生功法，在基地中随处可听见养生音乐，在一天的游玩结束后，吃药膳、喝药饮，再享受推拿、足疗的保健休闲服务，既能放松心情、开阔眼界、强健体魄，又能够解除疲劳，达到养生保健的效果。

（2）专项产品

对于养生音乐、芳香理疗、禅修这类产品，游客的接受程度相对较低，不同群体的选择存在差异性，故将其列为专项产品。

《黄帝内经》中提出"五音疗疾"，中医五行音乐疗法在治疗情绪不安、精神抑郁、神经衰弱、失眠、高血压、胃肠功能紊乱等方面具备一定的疗效，在听音乐的过程中能够达到调理情志、改善健康、预防和治疗疾病的效果。

芳香理疗由来已久，古人常用熏蒸草药来治疗一些非严重性疾病和慢性病。近年来，一些美容院推出精油服务，让人们重新认识到芳香疗法的功效。芳香疗法主要是利用草药及精油的性味归经，达到阴阳平衡，辅助经络运行全身，到达各个脏腑器官，从而调息身体，平衡身、心、灵、气。对于芳香理疗产品，既可单独开发，也可以与基地建设相融合。在中医康养旅游基地中，可以种植相关的中草药，比如：紫罗兰和水仙花会使人感到舒畅、温馨，适合女性游客；康乃馨可以使人回忆起愉快、欣慰的往事，淡忘生活中的烦恼，适合老年人和中年人；菊花与薄荷会激发孩子的智慧与灵感；水仙花可以减轻大脑的疲劳；等等。此外，芳香理疗可采用香袋、药枕、精油、香烛等形式进行。

禅修是调节身心与情绪的一种手段，是精神心理治疗的一种方法。佛医、道医所讲的参禅实为一种气功，已经成为中医药养生康复的内容之一，强调清净调神功效。如今社会压力越来越大，人们的精神和心理承受巨大的负担，禅修的存在可以让人们更好地去思考人生，以积极的态度面对生活和工作，增强对生命、健康和疾病的认知和感悟，达到修身养性的目的。在中医康养旅游基地中，可以聘请相关禅修者讲授禅修课程，让游客参禅打坐，与其一起探讨生命与健康的内在，以修身养性。

根据实际情况来看，女性比男性更愿意选择养生音乐产品，可将女性作为养生音乐的重要消费群体。学历高的人群主要从事脑力劳动，所面对的精神压力较大，因而也是养生音乐的重要消费群体。

（二）医疗保健类产品的设计与开发

中医药是中华民族在几千年历史长河中不断与疾病抗争所积累的宝贵财富，其疗效受到人们的广泛认可，而中医药不仅仅是治疗疾病的方法，也是一种养生保健手段。

1. 功能概述与资源依托

中医康养旅游以健康、保健为主要目的，实际体验中还涉及医疗保健服务，重预防、轻治疗，主要开展中医针灸、拔罐、刮痧、体质鉴别、治未病等服务。医疗保健类产品主要依托的资源是中医师、中医专家、医疗器材和优质中药材。

2. 产品内容与目标市场

（1）大众产品

推拿既是一种保健方式，也是一种中医治疗手段，是最受游客欢迎的医疗保健产品。此外，拔罐、药浴、中医体检和针灸也较受欢迎，因而将这五种产品列为大众产品。

推拿与拔罐是一种非药物性的外治疗法，主要是通过刺激患者的经络、经筋或皮肤，达到调和阴阳、调整脏腑、推行气血的功效。中年人是社会的中坚力量，本身面临的健康风险较高，是推拿与拔罐的主要消费群体。

药浴是在中医理论的指导下，选配适当的中草药，药物煎汤取液后进行全身或局部洗浴（如坐浴、足浴、手臂浴、面浴、目浴），以达到防治疾病的目的。药浴可以促进机体血液循环，有助于消除疲劳、促进睡眠，在治疗风湿、类风湿、高血压、肥胖症等多种疾病上疗效显著。其中，女性、高学历群体更愿意选择药浴产品。

中医体检主要是采用中医体质辨识量表、仪器检测及中医"四诊"相结合的一种体检方式，运用中医方法检查、分析受检者的体质、症候群、健康风险因素，从而指导体检者未病先防，进行调养。中医体检是医疗保健类产品中的特殊项，任何健康人群和亚健康人群甚至疾病患者都可以进行，并且简便易行、高效低价。研究发现高学历人群的健康意识较强，而低学历人群面对的健康风险更多，因而高学历和低学历人群更愿意选择中医体检来检测个人健康状况。

针灸是针法和灸法的统称。针法是用金属针，按一定穴位刺入患者体内，运用操作手法以达到治病的目的。灸法是用艾绒或其他药物制成特殊产品，温灼、熏烫穴位的皮肤表面，利用热和药物的双重刺激来治病。针灸适用范围广泛、疗效迅速、操作简单、费用低廉、副作用少，具备舒经通络、调和阴阳、扶正祛邪的功效，已经得到国内外患者的认可。此类产品可结合患者具体病情，辨证施治，目标市场覆盖所有群体。

（2）专项产品

相对来说，名医问诊、熏蒸、治未病、刮痧这些产品得到较少的认可，市场规模相对较小，因而将它们划分为专项产品。

名医问诊主要是依托中医名家资源，在健康旅游基地设立名医苑或者国医堂，邀请名医坐诊，对消费者进行诊治。这种产品所面向的群体主要是疾病患者，而中医名家诊疗的费用也相对较高，因而目标人群主要是高收入群体。

中药熏蒸疗法是利用中草药加水煮至沸腾产生的气体熏蒸局部疾患处或穴位来治疗疾病的一种外治疗法，在临床康复中作用极大，应用广泛，需要辨证用药治疗，调查发现此种产品颇受女性欢迎。

治未病是一种预防保健手段，秉持未病养生，防病于先；欲病救萌，防微杜渐；已病早治，防其传变；瘥后调摄，防其复发的理念，采用多种措施防止疾病的发生与发展。2014年国家中医药管理局印发《中医医院"治未病"科建设与管理指南（修订版）》，要求二级以上中医院开设治未病科，中医治未病已经成为临床专科进行发展。治未病服务实际上融合了多种中医治疗方式和方法，能够达到预防保健的效果。治未病所面向的人群是对健康有所关注的人群，尤其是存在着健康风险的人群或者亚健康人群。女性更愿意选择治未病，高学历者对治未病的关注程度也相对较高。

刮痧是在中医经络理论指导下，用特制的器具在体表进行相应的手法刮拭，出现皮肤潮红，或红色粟粒状等出痧变化，达到活血透痧、防治疾病等的一种外治疗法。作为一种自然疗法，它具备简便操作的特性，在亚健康调控上作用突出，适用于多种临床疾病的治疗且疗效显著。医疗保健类产品主要针对消费者的一些常见病和多发病的诊治和调理，中医康养旅游基地所提供的中医医疗类服务不同于一般的中医医院，在这里主要是以调养、保健和一些常见病、多发病的诊治为主，因而此类产品面向的是有医疗保健服务需求的人群。

（三）美容保健类产品的设计与开发

随着绿色消费、返璞归真理念的兴起，历经千年积淀的中医美容因其来源天然、疗法自然的属性，以及安全有效、毒副作用小的特点，在美容保健市场中越来越受到消费者的青睐，大街小巷上出现了各类以中医药为特色的美容保健场所。

1. 功能概述与资源依托

中医美容是指在传统中医理论和中国美学思想的指导下，防治损容性疾病和修饰、掩盖及矫正生理缺陷，从而实现防病健身、延年驻颜的有效手段和方法。人体形神之美是其主要目标，在防治脱发、白发、黄褐斑、痤疮、扁平疣、肥胖症等损容性疾病，以及矫正皱纹、皮肤干燥松弛、肤色无华等损容性生理缺陷上疗效显著。中医药美容保健产品开发所需要依托的资源主要是中医美容师和品质优良的中药材。同时，美容场所对环境的要求较高，基地在开展此类服务时要做好硬件设施建设。

2. 产品内容与目标市场

（1）大众产品

减肥瘦身、美白肌肤类产品成为最受人们关注的中医美容美体类产品，而这两类产品本身具备一定的普适性，市场需求较高，因而可将其作为大众产品进行开发。

随着人们物质生活条件逐渐改善，饮食越来越丰富，快节奏的生活及体育锻炼的缺失，致使肥胖人群不断增加，肥胖不仅对人们的身体健康有影响，还会导致各种心理和社会适应上的问题。减肥已经成为当代男女老少日常生活中必不可少的话题，无论是正在上学的学生，还是刚工作的职场新人，或者是作为社会中坚力量的中年人，以及安享晚年的老人都会关注。中医主要利用辨证施治的原理，通过刺激穴位或者药物治疗来通经络、调整脏腑功能、消痰利水等，调整肥胖者的神经和内分泌系统，加快新陈代谢，从而来达到减肥的目的。

中医康养旅游基地可以开设减肥瘦身班来吸引消费者。这样的瘦身班周期较长，学员待的时间较长，收益也相对较高。此外，还可以进行中医减肥方式的科普，如推拿减肥、推拿瘦腿、减肥茶方等。研究发现性别和职业对消费者选择中医减肥存在影响，女性、企业人员对减肥瘦身产品的需求比例较高。因此，在进行中医减肥瘦身产品开发时，应对用户进行细分，在营销推广方面将女性和企业人员列为重点目标人群。

（2）专项产品

我国民间有一种说法，即"一白遮百丑"，人们希望自己的皮肤光泽亮丽，看起来更美丽、更年轻，因而对于美白产品的需求十分旺盛。而中医美容学历经几千年，古代医学文书中记载了大量具有美白润肤功效的中医疗法与药方。研究发现，女性、高学历人群、年轻群体更喜欢美白产品，这类人群是美白产品的主要消费者，中医康养旅游基地可以重点针对这些人群提供中医美白润肤服务。

专项产品：驻颜祛皱、调理祛痘、乌发生发、祛斑消瘦、香口除臭、正骨整形等这些美容保健产品受到的认可度相对较低，这些美容保健产品所解决的问题也具有一定的特殊性，所面对的人群较少，整体市场规模较小，因而将这几类产品归为专项产品。

随着年龄的增加、环境的刺激及不良生活习惯的存在等，人们脸上会出现各类皱纹，影响个人的容貌，尤其是女性更为关注自身容貌的变化。而皱纹主要发生在年龄较大的人群，因而中医康养旅游基地的驻颜祛皱产品的主要消费群体为女性和中老年人群。

痘和疣主要出现在年轻人群中，而且年轻人多会有雀斑及痤疮的出现，因此此类产品的消费群体以年轻人为主，尤其是学生群体；同时中年群体也会出现斑纹，也应注意此类人群的需求。

而乌发生发主要针对白发脱发人群；香口除臭主要针对存在异味者等。可以看到这些产品所面对的消费人群，具有一定的特殊性，这些产品和服务具有差异性，中医康养旅游基地可将这些产品作为专项特色产品进行开发，市场明确，目标人群相对具体，便于营销推广的开展。

（四）观光与文化体验类产品的设计与开发

随着体验经济时代的到来，人们更关注精神上的满足和享受，希望能够参与到旅游活动中来，从而获得更为丰富的旅游经历。中国中医药历史悠久，蕴含着博大精深的中医药文化资源和中草药资源，已经有地区开发了相关旅游产品，如北京推出13条中医药养生文化旅游路线。但总体而言，相关资源的旅游产品开发尚未能形成规模，以观光为主，体验类产品缺乏。

1. 功能概述与资源依托

中医药观光与文化体验旅游产品，主要是依托中医药自然资源与人文资源优势，开发相应的观光与体验活动，让游客在观光活动中认识中医药文化、感受中医药文化、熟悉中医药文化，在体验中加深对中医药的认识和了解，提升对中医药文化的认同与喜爱。

2. 产品内容与目标市场

（1）大众产品

研究表明，本类产品中游客最喜欢的是中医药动植物观赏（如动植物标本、中草药园等），其次是药妆、药饮的参观与制作体验。游客对这两种产品的选择比例最高，认可程度较高，可见观光产品和体验产品可作为中医康养旅游基地的大众产品。

中医药动植物观赏对资源要求较高，中医康养旅游基地在开发中医药动植物观赏产品时，需要自建中药园、培植中草药，或者与相关的机构建立合作，设计参观路线。这种产品适合所有人群参与，大众认可度比较高。

而开发药妆、药饮的制作体验产品，是需要游客动手参与的项目，需要相关专业人员的配合，向游客展示药妆和药饮的制作流程，可以将制作完成的产品留作个人纪念。女性更喜欢该产品，学历越高的人群选择此产品的比例越高，年轻人更愿意参与其中，因而药妆与药饮制作体验产品的目标群体应聚焦在女性、高学历人群和年轻的消费群体。

（2）专项产品

对于中药制作流程参观、人文景观参观（博物馆、医馆、中医药大学等）、中药品质鉴定参观体验，游客选择的比例相对较低，因而将其作为观光与文化体验类产品中的专项产品。

中药制作流程参观及中药品质鉴定具备一定的专业性，游客在休闲旅游中主动学习的意愿不强烈，因而对此产品的兴趣相对较低。中医药博物馆、老字号医馆、中医药大学等人文景观已经形成，中医康养旅游基地复制难度大、成本高，因而可以与相关机构合作开发相关旅游路线。在中医康养旅游基地中修身养性、康复保健，也有机会外出参观，感受中医药历史文化脉络和智慧哲学。此类产品在传播中医药文化中的角色和地位突出，并且不同社会特征的人群在产品选择上并无差异，因而其目标市场可以定位为普通大众。

（五）购物类产品的设计与开发

中国幅员辽阔，中药材资源丰富，道地药材产区的名贵中药材和中药饮片等既可以作为居家个人保健药物，也可以作为礼品馈送他人。除此之外，随着中医药的发展，中医、中药的衍生产品也不断出现，如中医科普读物、药饮、药妆及相关工艺品等。

1. 功能概述与资源依托

购物类产品主要是指游客在中医康养旅游基地进行健康旅游，所能够购买并带走的旅游纪念品及当地特产等。中国中医药资源丰富多样，不仅有道地药材、中药饮片、特制药方和中成药等核心产品，还有中医药资源和文化所衍生而来的产品，如中医器械、药妆、药饮、工艺品等。

2. 产品内容与目标市场

（1）大众产品

研究发现，游客对道地药材、中药饮片、药饮（药茶、药酒等）、药妆及中医药生活用品（药枕等）的选择比例较高，可见这些产品的市场空间巨大，因而可将其列为大众产品。

购物是旅游活动的基本要素之一，近年来各种旅游中强制购物等恶性新闻事件频出，以及出现了诸多打着中医药旗号的各类虚假养生保健产品，这给中医康养旅游基地在购物产品的设计与开发上带来一定的影响。游客对此类产品的选择或者说购物的意愿不会特别强烈，并且带有警惕心理。调查中也发现游客对于中医康养旅游基地，最不关注的要素就是购物设施。此外，当前旅游市场上旅游纪念品繁多，重复率较高，产品的特色不足。这就要求中医康养旅游基地开设购物专区，在购物产品设计上要特色鲜明。

中国幅员辽阔，不同区域所产的药材在药效上存在着差异，而市面上中药材质量良莠不齐，这造就了道地药材和中药饮片的广阔市场空间。在产品开发上严控质量，在全国范围内搜集道地药材，供应道地药材（含名贵中药材）和中药材饮片（尤其是小包装饮片），提供给游客作为自用或者馈送礼品。

人们对药饮的关注也越来越高，市场上出现了诸多品类的药饮，如各类配方茶、药酒等。中医康养旅游基地对此产品可以自行设计养生保健药饮，也可以与市场上的药饮厂家合作，销售相关产品。

中药药妆因来源天然、效果稳定、无毒副作用而备受消费者欢迎，诸如面膜、面霜等相关产品也不断涌现。但药妆的研发和生产周期长、耗资高，不适合中医康养旅游基地进行生产。

中医药生活用品主要有药枕、香囊、草本药膏等。这类产品存在两种情况：一是简易加工产品，不需要太复杂的工艺和设备即可完成，如香囊和药枕；二是深加工产品，如牙膏，对技术和设备要求较高。此类产品以合作销售为主，条件允许的可以自行生产加工销售。对于中医药生活用品，女性消费者和学历高者更愿意选择，这两类人群应作为重点人群进行市场开发。

（2）专项产品

对于中医药工艺品、图书音像制品及相关医疗器械，消费者的认可程度相对较低，受众面相对较窄，因而可以作为专项产品进行开发。

在中医康养旅游基地中可以提供具有中医药特色的、能够反映中医药文化的中医药工艺品，如雕塑、塑像等。销售中医药文化知识的图书、明信片、相关音频和视频产品，售卖简易的家用艾灸仪、拔罐器等医疗器械产品。同时，要注意开发中医康养旅游基地的周边产品，借助周边产品进一步推广，扩大基地的影响力与提升品牌力。研究发现，青年人更愿意选择图书音像制品，因而对于此类人群应以提供图书音像制品为主。

对于中医康养旅游基地的购物产品，其面向的人群是所有的游客。相关产品的研发和生产环节多、对资源和技术要求高，因而基地应加强与相关企业的合作，购进相关产品并进行销售。

（六）学术会展类产品的设计与开发

随着中医药的发展受到重视，以及消费者对中医药的兴趣程度逐渐增加，各类中医药会展和学术活动层出不穷，比如北京地坛中医药健康文化节已经成为一个常规固定的节庆活动，因此可通过一系列活动传播中医药文化，加深群众对中医药的认识和了解。

1. 功能概述与资源依托

此类产品主要是通过举办大型会议、会展、节庆等活动，吸引人们关注，让人们了解中医药、认识中医药，在活动中普及中医药知识、传播中医药文化，同时有助于推动中医康养旅游基地的品牌建设。学术会展类产品的依托资源主要是中医药专家、中药材资源。

2. 产品内容与目标市场

（1）大众产品

中医药文化节和中医药博览会是最受欢迎的学术会展类产品，而且其所面向的人群没有特殊性，因而可以作为大众产品进行开发。

随着人们对中医药的追捧和中医药健康旅游的发展，各地举办了多种多样的中医药文化节和博览会，通过会展和节庆活动，加深了游客对中医药的认识。游客对此类活动也较为喜爱，可以在娱乐中学习中医药学知识。中医康养旅游基地在开发此类产品时需要整合中医药资源，多方筹措推动建立特色中医药文化节或者博览会。例如，广西巴马举办了巴马国际长寿养生文化旅游节、南阳举办了张仲景医药文化节等。在节庆会展中可开展中医药诊疗、中药鉴别、中医史文化、中医现代器械体验等一系列活动，在这些节庆展览活动中科普和传承中医药文化。这类产品面向所有消费人群。

（2）专项产品

除了以上两种大众中医药旅游产品，对于开展中医药健康知识讲座，举办学术会议、学术论坛，消费者的认可程度较低。中医药科普知识讲座面对的群体是对中医药感兴趣的人群，而学术会议或论坛则面向的是专业人员，这两种产品所面对的对象较为明确，受众面较窄，因而将其作为专项产品进行开发。无论是中医药科普知识讲座还是相关的论坛会议，其专业性、学术性较强，而旅游中游客主动学习的意愿不高，在产品开发时，这两种产品的市场相对转移，主要面向的目标人群是中医药领域内或者对中医药感兴趣的人士。

对以上产品进行设计开发时，既可以进行专项开发，也可以融合开展。如果是短期的中医药健康旅游活动，根据目的和时间安排少量的产品组合即可；如果有大量的时间但是目的不明确，那么可根据兴趣多选择几项产品进行体验，如中医药文化景观的参观、医疗服务体验、养生技能体验和教学、药膳等。

任务思考

如何结合地域特色进行中医康养旅游产品的设计开发实践？

项目总结

本项目的主要任务是学习中医康养旅游的健康效应，鼓励学生尝试进行中医康养旅游的实践应用。通过本项目中三个任务的学习，学生能够对中医康养旅游产品有一定的认识。

项目实践

以小组为单位,通过百度搜索及调研,完成浙江省中医康养旅游资源的调查,并结合当地的地域特色,完成当地中医康养旅游市场定位及产品开发。

实训任务

本次实训需要完成浙江省某地市中医康养旅游资源调研(网上资料搜集与线上问卷调研相结合)及中医康养旅游产品开发现状对比,完成浙江省某地市中医康养旅游市场定位及产品开发。

实训步骤

(1)完成课前自学,结合知识拓展及网络学习平台,储备相关知识。

(2)实训过程中可采用线上线下混合学习的方式,以小组为单位共同完成,可采用头脑风暴法进行资料的收集、整理和分析。

任务考核

项目七任务考核表见表 7-1。

表 7-1 项目七任务考核表

考核内容	非常优秀	优秀	良好	合格	不合格
按时完成任务情况					
搜索整理信息能力					
小组团结协作能力					
小组汇报展示能力					
小组成果创新能力					
任务考核分值建议	非常优秀(90~100 分)、优秀(80~89 分)、良好(70~79 分)、合格(60~69 分)、不合格(59 分及以下)				

注:根据小组任务实施情况,结合表中考核内容完成小组任务考核评价。

项目八

医疗旅游

项目导读

医疗旅游是健康旅游在医疗领域的重要分支。自20世纪80年代起,医疗旅游在世界各地悄然兴起,且发展势头十分迅猛。随着社会经济的发展和人们生活水平的提高,医疗旅游作为一种新的健康旅游形式,顺应了人们对健康和美丽无限追求的潮流,成为旅游业继观光、休闲度假、体验旅游后开拓的一个新领域。

思维导图

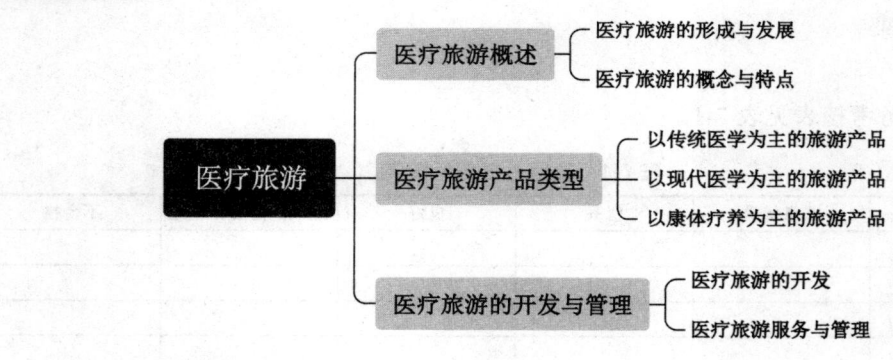

案例导入

海南三亚中医院

海南省三亚市中医院(以下简称"医院")是一所以中医为主、以中西医结合为特色的现代化综合性公立医院。自2002年以来,医院结合得天独厚的地理环境及旅游资源,大力发展"中医国际疗养游"。近年来,医院已接待俄罗斯、瑞典、挪威、奥地利等国客人10余批,接待国外疗养包机10架,其中包括多位国家政要。受此影响,许多俄罗斯、哈萨克斯坦、塔吉克斯坦政府高官也纷纷来医院接受疗养,均对中医药服务表示肯定和赞赏。经过这些重要人物的口碑相传和国内外媒体的宣传，中医康复疗法和医院在俄罗斯和哈萨克斯坦、塔吉克斯坦等中亚地区获得了很高的知名度，"中医国际疗养游"因此声名远扬。

2004年11月4日，哈萨克斯坦中医疗养团共115名客人坐包机抵达三亚市凤凰国际机场，接受了医院10天的中医疗养服务。2010年10月，应俄方邀请，医院随三亚市政府代表团前往俄罗斯考察，随后与俄罗斯奥里普医疗中心签订合作协议，将在俄罗斯设立中医疗养所，开展中医康复合作，进一步拓展中医疗养游。

目前，医院已与俄罗斯、瑞典、奥地利、哈萨克斯坦等国家签订了中医疗养和带教合同；与俄罗斯首都莫斯科的两个大型医疗所签订了中医疗养联络协议；与俄罗斯石油天然气公司签订了疗养合同。合同国或合同单位负责输送数批"疗养团"到医院进行疗养，客人们每天上午观光旅游，下午就接受治疗专家组的中医治疗，让他们真正感受到传统中医"绿色疗养"的神奇魅力，体验中医康复疗法的神奇疗效。

此外，2006年和2008年，医院受国家卫生部（现为国家卫生健康委员会）委托为震惊世界的别斯兰事件中两批受伤儿童做中医康复治疗，受到俄罗斯联邦政府总理和卫生部的嘉奖，提高了三亚的国际知名度，为中医走向世界提供了成功的范例。

将中医医疗保健与旅游休闲结合起来，这种旅游方式特别吸引热衷旅游和注重健康的人们。如今三亚的"中医疗养游"已渐成气候。

任务一
医疗旅游概述

任务目标

1. 了解医疗旅游的形成与发展。
2. 正确理解医疗旅游的概念及特点。

任务分析

此任务是该项目下的第一个任务，是学习后续任务的前提。在这个任务里，学生能够梳理好医疗旅游的形成发展历程，正确理解医疗旅游的概念与特点。

任务操作

一、医疗旅游的形成与发展

（一）医疗旅游的形成

医疗旅游是 20 世纪 70 年代发展起来的新型旅游产品。最初是发达国家的保险公司为了让更多的人到发展中国家就医而想出来的补偿对策，旅游可以理解为保险公司对那些前往发展中国家就医的人们所提供的安慰性补偿。其兴起有多方面的原因和条件。其中，医疗业和旅游业自身的发展与差异是促使医疗旅游产生的内部动因。

全球化背景下
医疗旅游发展

在所有原因中，价格和服务质量无疑是决定国际医疗旅游服务的两个重要的因素。很多开展国际医疗旅游的国家，不仅价格上有绝对优势，而且医院医疗技术水平与质量均达到发达国家水平。例如，印度、泰国等国家近几年输送很多医生到美国、德国等发达国家接受先进教育，从发达国家进口最先进的医疗仪器设备，与发达国家的医学院等合作，医疗水平明显提高，得到众多游客的认可，其国际医疗旅游业也得到快速发展。

国内较长的候诊时间和发达国家医疗保险的局限也是其产生的一个因素。例如，在加拿大，尽管医疗已经社会化，基本上每个公民都可享受政府支持的医疗保险，但是因为看病的人太多，做一般的手术都要排队等好久才会有床位，从而导致不少加拿大人加入国际医疗旅游的大军。而英国等欧洲国家，尽管医疗条件和费用相对于美国要低，但由于政府对医疗保险管理过于严格，让不少人感到自己选择的余地太小，从而也选择到发展中国家接受医疗服务，体验国际医疗旅游的优越性。

除这些原因之外，医疗旅游的发展还需要一定的条件。现代交通方式的便捷、网络等通信与信息技术的发达、世界政治经济一体化进程的加快是促使医疗旅游产生和发展的外部条件。

（二）医疗旅游的发展

1. 从医疗旅游客源国和目的地国的发展情况来看

从医疗旅游客源国和目的地国的发展情况来看，以往到国外求医的主要是亚洲、非洲和拉丁美洲的一些国家或地区，在这些地方，具备顶尖水准的医院和专科医生很少。现今的医疗旅游者主要来自三种国家：一是医疗费用高昂的国家，如美国等；二是医疗社会化和医疗保险有局限的国家，如加拿大、英国、法国、澳大利亚等国；三是医疗技术水平落后的国家。在国际医疗旅游客流体系中，欧洲、中东、美国、加拿大、日本等地区和国家是最主要的国际医疗旅游客源国（或地区）。

美国一度是国际求医者的主要目的地之一，发展中国家的有钱人花钱到美国接受高质量的服务，加拿大等国家的病人因本国医疗选择的局限性，也愿意到美国看病。然而，随着越来越多发展中国家的医生在美国受过高等教育后回国效力，以及发展中国家开始从发达国家进口先进和昂贵的医疗仪器设备，这些国家的医疗水平得到了明显的提高，尤其是随着医疗旅游的发展，国际医疗旅游业发展趋向多元化，很多国家成为国际医疗旅游的主要目的地。印度、泰国、新加坡、韩国、马来西亚、墨西哥、古巴、巴西、阿根廷是最主要的国际医疗旅游目的地国。而在中东地区，迪拜、巴林、黎巴嫩、约旦、阿联酋也在相继发展医疗旅游项目，特别是迪拜正在建造医疗保健城以挽留地区内的医疗旅游者（以往这些医疗旅游者多是前往亚洲的）。此外，在欧洲，国际医疗旅游的发展也备受关注，瑞士、德国、匈牙利、立陶宛、拉脱维亚等国都是有名的国际医疗旅游接待中心。

2. 国际医疗旅游客流的构成及其流向

国际医疗旅游客流主要由五类构成，即对医疗价格敏感者、医疗保险缺失或承保项目缺失者、不愿在国内长期等待医治者、特殊医疗需求者以及倾向于使用生活方式医学改善自身健康状况的游客群体。同时，突发性患病的游客也可能会成为医疗旅游者，但这不是医疗旅游产业的核心客户群。

关于国际医疗旅游客流的流向则可以从宏观和微观两个角度考察。就宏观而言，医疗旅游游客从发达国家向发展中国家流动是当前的主要趋势。以往到国外看病的大多是寻求先进医疗技术和设备的欠发达国家的高收入者，如今的医疗旅游，是以发达国家的人到发展中国家寻求收费低廉、质量上乘的医疗服务为主的反向就医。以巴西、墨西哥为代表的南美洲医疗观光圈，以泰国、印度、韩国为代表的亚洲医疗观光圈都在快速发展，已经是受美国和欧洲病人欢迎的医疗旅游目的地，也是那些想寻求特殊医疗手术但不想支付高昂费用的日本病人的医疗旅游目的地。

就微观而言，国际医疗旅游客流也表现出了一定的趋势性和区域性特征。其中：南非的国际医疗旅游者主要来自赤道附近的国家；印度医疗旅游以中东各国、欧洲各国、美国及部分亚洲国家（如中国、巴基斯坦）为主要客源国；泰国则吸引着美国、英国、澳大利亚等国的游客；墨西哥医疗游客以美国游客为主；古巴的美容和牙科较为发达，吸引了很多拉美国家的游客；而约旦则是中东地区医疗旅游产业最发达的国际医疗旅游目的地。发展医疗旅游的国家因国内资源配置和产品定位的不同，其客流表现出了很强的区域性特征。

3. 亚洲已经成为全球最富有潜力的医疗旅游服务市场

近年来，欧美发达国家患者为节省医疗费用或因国内治疗排期太长，纷纷到亚洲国家寻找价格低廉、质量上乘的医疗服务，从而带动了亚洲医疗旅游市场的发展。20 世纪 80

年代，印度在亚洲还属于经济不发达的国家，印度政府在 20 世纪 90 年代末亚洲金融危机结束后，将发展医疗旅游作为政府重点扶持的新产业。经过多年的发展，印度现已成为全球重要的医疗旅游市场。截至 2011 年底，印度的医疗旅游年收入达 25 亿美元，医疗旅游成为一个新兴的朝阳产业。其他亚洲国家看到印度在发展医疗旅游产业的巨大利益后，开始群起仿效。马来西亚、泰国与印度尼西亚是继印度之后将发展医疗旅游产业作为国家主要经济任务的国家。

在众多亚洲国家的积极参与下，医疗旅游服务快速成长为亚洲旅游服务发展的一支新兴的驱动力量。尽管全球金融危机给旅游业带来了负面影响，但医疗旅游服务仍成为增长最为迅猛的服务部门。

亚洲成为受欢迎的医疗旅游目的地，主要是由于价格相对低廉和技术先进。亚洲的医院享有较高的声誉，以优惠的价格、先进的设备、训练有素的医生和良好的医疗服务取胜。泰国的优势主要集中在美容医疗方面，印度的优势是优惠的医疗价格，而新加坡的优势则是高超的医疗服务技术水平。

二、医疗旅游的概念与特点

（一）医疗旅游的概念

医疗旅游代表性观点

由于医疗旅游的新兴性，国际上不同组织与学者对此的定义也不尽相同，在不同的发展时期，医疗旅游的概念和定义也在不断发展变化。由于医疗旅游在国际上尚未形成权威的、统一的概念模式，因此在阐释医疗旅游的内涵时，不同组织机构和学者形成了多角度、多层次的概念体系。

这些观点阐释的角度有所不同，各有侧重，有的甚至与健康旅游、保健旅游、养生旅游等概念有些重合，没有严格区分。有的是从医疗旅游兴起的原因出发，即医疗旅游者是由于定居地的医疗服务不够完善或太昂贵，而到别国寻求品质较好或价格较低廉的医疗保健服务；有的是从医疗旅游者的角度出发，强调游客通过旅游的方式到医疗服务质量好或具有某方面医疗特色的国家或地区进行疾病的治疗、康复、疗养或美容整形等；有的是从医疗旅游服务者的角度出发，强调医疗旅游服务机构是私人医疗中心，给游客提供医疗与旅游相融合的服务，不过现阶段一些公立医院也在开展医疗旅游服务。

就本书观点而言，笔者认为只要是对人的身体、心理、社会适应或道德四个健康维度中的任一个或几个维度有所促进或改善的旅游形式都可以称为健康旅游，即医疗旅游、保健旅游、养生旅游、康体旅游等均属于健康旅游。医疗旅游概念的提出主要是为了强调其服务内容的医疗属性，这是医疗旅游与其他健康旅游形式的根本区别，它通常依托一定的医疗机构、医疗设施与医务人员，以及与医学的紧密联系，需要可信度高的医学技术及相关法律法规的支持。医疗旅游将传统旅游的观光、休闲、度假与疾病的疗养、保健等特色医疗服务有机结合起来，形成融旅游与医疗为一体的综合型旅游产品。

医疗旅游从服务的内容和目的看，可以分为三个层面：一是以疾病治疗为目的的医疗旅游，如某种外科手术、中医针灸治疗；二是满足或提升自身健康需要的某种特殊医疗护理和治疗，如医疗美容与整形、生育治疗；三是以康复（体）、休闲、疗养为目的的保健性旅游，如按摩、水疗、泥疗等，该层面属于广义的医疗旅游，严格来说偏向于养生保健类的健康旅游。在整个医疗旅游行程中，治病、健身、提升自身生活品质是主要目的，旅游只是作为一个附加元素，被人为、自然地融合在医疗旅游的全过程，缓解因疾病或治疗带来的不良情绪，让人产生心理上的愉悦感、满足感。

医疗旅游是什么？

（二）医疗旅游的特征

1. 以治病、健身为目的，兼具休闲性和娱乐性

医疗旅游是指人们在常住地的医疗服务不能满足其医疗需求的情况下，在目的地接受各种特殊医疗护理、治疗和其他各种形式的医疗服务与旅游服务的过程。在这个过程中，医疗旅游者的目的主要是调整身心，其次是享受旅游的轻松和休闲。虽然治病、健身其根本，但是与专业的医院不同，医疗旅游还要考虑更多人性化的元素，即满足旅游的要求。疾病治疗、休息疗养、美容整形、健康体检等医疗护理活动与度假、休闲、娱乐等旅游活动有机融合在一起，让游客在娱乐享受中治病，在身心愉悦中康复。医疗旅游者既是接受保健疗养、健康检查、疾病治疗、整形美容等手术的患者，也是旅游者。寓治病于旅游，寓旅游于治病，是医疗旅游的实质所在。

游客入住的医院类似于度假村或饭店，他们能享受到十分便利的医疗照顾，以及适合旅客病情的风景观光、健康美食、保健按摩、水疗等娱乐消遣服务。将医疗、健身、娱乐、休闲融合为一个整体，是国际医疗旅游最显著的特点。医疗旅游为病人提供了一个优越的外在环境，并能帮助病人营造愉悦的心境，良好的心境有利于身体的康复，而身体的康复又能促使精神面貌的好转，二者相互促进，良性循环。

2. 先进的医疗水平和相对低廉的医疗价格

医疗旅游发展前期客流主要是从发展中国家向发达国家流动，客户主要追求先进的医疗技术和设备，因此欧美国家是高端医疗旅游目的地，客源主要是欠发达国家的高收入人群。而现阶段的医疗旅游，与前期相反，客流从发达国家向发展中国家流动成为主要趋势，亚洲国家已成为全球最富潜力的医疗旅游服务市场，这些国家以第三世界的价格享受一流服务的优势，吸引着寻求特殊医疗手术但不想支付高昂费用的人群。以"第三世界的价格"享受"第一世界的服务"是医疗旅游最大的吸引力之一。开展医疗旅游的国家往往集中了该国最先进的设施设备，掌握先进技术的医疗界精英也会集于此，提供的医疗服务具有卓越品质甚至在特定领域已经超越了发达国家。

印度是其中的典型代表之一。印度医疗旅游服务何以享誉全球？首先是世界一流的医疗水平。虽然印度的总体医疗水平落后于发达国家，但从事医疗旅游的大多是私立医院。大部分印度私立医院的条件不比欧美大城市的医院差，甚至还有所超越。印度私立医院拥有大批高素质的人才、先进的设施设备、充裕的资金、良好的运行机制和国家的大力支持等。医生接受过西式教育，英语好，能吃苦，服务意识强。同时，印度的医学院选用的教材基本来自美英发达国家，这让印度医生从业后能很快熟悉和掌握国际最新的医疗技术，医疗质量得到很好的保证。医疗质量的保证是吸引发达国家游客的关键。据埃斯科特医院统计，完成 4 200 例心脏手术，死亡率只有 0.8%，感染率只有 0.3%，而在发达国家，同样的手术平均死亡率达到 1.2%，感染率则是 1%。其次是非常低廉的医疗价格。医疗费用便宜是印度医疗旅游业的最大吸引力。由于人力成本低，降低了印度私立医院的成本，收费要比欧美医院便宜很多。一般来讲，印度的医疗费用是欧美国家的 1/10，有时甚至是 1/16，是其他亚洲国家的 1/3。这是印度吸引外国人前来医疗旅游的最大优势。价格低廉、医疗服务水平高是许多西方人选择到印度进行医疗旅游的原因。

3. 医疗旅游行程方便快捷

短期、便捷将成为医疗旅游的一项重要内容。一方面它用时短、恢复快，不影响或较少影响旅游的行程；另一方面则随着医疗旅游带来巨大的经济效益，政府提供多项优惠的医疗政策，医疗机构也不断完善，医疗旅游者可以很方便快捷地选择医疗旅游产品和体验产品带来的良好效果。例如，新加坡百汇眼科中心对老花眼的校正技术精湛，医生将具有麻醉作用的药水滴入眼睛中，然后以无菌吸环稳定眼睛和激光光线的位置，激光疗程只需 20 秒即可完成，一天后便能恢复日常活动。

任务思考

如何理解医疗旅游的概念与特点？如何体现康养性？

任务二
医疗旅游产品类型

任务目标

认识医疗旅游产品的三大类型。

任务分析

熟悉医疗旅游产品的三大类型，有助于医疗旅游产品的设计与开发，这是本项目的第二个学习任务，有承前启后的作用。

任务操作

旅游业随着社会的进步而不断发展，产品类型在不断地增加，医疗旅游属于新兴产品类型。其产品形式多样，但名称并没有统一规范。按照医疗旅游的目的和动机，可以将其划分为疗休养旅游、体检旅游、治疗旅游和保健旅游等；按旅游者组织形式分类，可分为团体旅游产品和散客旅游产品；按产品档次分类，可分为豪华、标准、经济等旅游产品；按产品消费使用范围分类，可分为国际医疗旅游产品和国内医疗旅游产品。本书认为医疗旅游可以分为三大主要类型：以传统医学为主的旅游产品，以现代医学为主的旅游产品，以康体、疗养为主的旅游产品。

一、以传统医学为主的旅游产品

传统医学是指在现代医学之前，已经独立发展起来的多种医疗知识体系。世界卫生组织（WHO）对传统医学的定义是：利用基于植物、动物、矿物的药物、精神疗法、肢体疗法，和实践中的一种或者多种方法来进行治疗、诊断和防止疾病或者维持健康的医学。传统医学包括传统中医学、印度医学及阿拉伯医学等传统医学体系及各种形式的民间疗法。传统医学为主的医疗旅游产品有两种形式：一是将传统医学的元素推荐给游客或融入常规观光产品中，在旅游的同时，让游客体验和感知传统医学的魅力；二是主要以体验治疗或养生为目的的专题旅游，辅助特定的旅游观光项目，此种类型主要针对的是有慢性病、轻微病症或某些不治之症的游客。

（一）中国的传统医学旅游产品

中国传统医学是中国各民族医学的统称，主要包括汉族医学、藏族医学、蒙古族医学、维吾尔族医学等民族医学。在中国传统医学中，汉族医学的历史最悠久，实践经验和理论认识最为丰富，因此汉族医学在中国乃至在世界上的影响也最大。在19世纪西方医学传入中国并普及以后，汉族医学又有"中医"之称，以此有别于"西医"，即西方医学。就中国传统医学旅游产品而言，中医药旅游占据主流地位。所谓中医药旅游，是指以中医药的独特理论体系和深厚文化内容为依托，以各种医疗、健身方法和药材的观赏购买和使用为基本吸引物而产生的多种旅游活动。它集旅游与中医药于一体，是中国药的延伸和旅游业的扩展，是目前中国医疗旅游最主要的形式。

中医药旅游者具体包括三种类型：一是求医问药型。这一类型的游客往往是自身罹患某种疾病，抑或是家中亲人患有某种慢性病或重病。通过到中国旅游，借机寻医问药，达到治疗疾病或收获诊疗信息的目的。二是观赏认知型。这一类型的游客比较多，借旅游之机到一些中医药种植园或者中医药博物馆，去看中药材生长、开花、结果和中药炮制、针灸按摩的器具等，既增长了见识，也增强了对中医药的认知。三是保健按摩型。游客在旅游途中接受药浴、刮痧、按摩等治疗，既能缓解旅途中的疲劳，又可强身治病，还能欣赏独特的保健方式，故多乐于参加。

中医药疗法注重于人体调节，以预防、休养、保健为主要目的，着眼于长久的调理，以求得身心健康，非常符合当前旅游发展趋势中的休闲理念，这是中医药吸引国际游客的最重要的原因。同时，世界上许多国家政府对中医、中药合法地位的立法承认为我国开发中医药保健旅游产品奠定了政策基础。

北京中医药大学早就承担境外旅游观光者的医疗旅游服务。为旅游观光者开办中医养生保健、药膳等中医科普知识讲座，提供中医医疗保健、中医按摩推拿等服务。北京按摩医院则早在1998年就被批准为旅游涉外定点单位，满足了海外游客对东方古老医学的好奇心，也为游客解除了旅途疲劳，甚至解除或缓解了某些游客多年来的病痛。浙江多家中医院与胡庆余堂一起，早已开始接诊外国旅游者，先后有美国、加拿大、瑞士、韩国、日本等国家的游客前来医疗旅游。大连市开设中医理疗的医院有十多家，每年仅接待俄罗斯游客就达10万人，俄罗斯游客除了游览、购物、洗海澡外，行程中90%的人都安排了中医理疗。海南省结合"国际旅游岛"大力发展"中医疗养游"。与此同时，广西桂林、四川成都等地也在大力发展中医药旅游。这些成功的案例说明，中国中医药旅游已得到国外游客的信赖，发展和推广特色中医旅游是医疗旅游的一个重要方向。

（二）印度的传统医学旅游产品

印度传统医学为当地医疗旅游的发展做出了贡献，其中阿育吠陀医学和悉达医学已吸引了部分欧美患者，成为印度发展医疗旅游的独特优势所在。一些慢性病人喜欢选择像阿育吠陀这样的医疗方式来调养身体。印度的传统医学与中医有异曲同工之妙，诊疗时医生会询问患者的饮食习惯和生活模式等，观察患者的脸色和行为，听患者的声音，以及使用草药或按摩。印度传统医学中无毒副作用的草药也受到就医者的欢迎。

传统的医疗服务使得印度为那些在其他国家很难找到合适治疗的患者提供了一个独特的服务环境，配合瑜伽、传统医疗及其他医学系统，临床效果较好。据不完全统计，印度拥有超过3 000家医院，约72.6万名注册医生从事印度传统的医疗健服务。这些医院推出的服务项目，包括配合瑜伽和其他印度传统医疗形式的保健方案，同时印度许多高档酒店也希望在医疗旅游业中分一杯羹，他们和许多专业机构合作，提供阿育吠陀传统按摩等健康服务。

二、以现代医学为主的旅游产品

（一）以健康体检为主要目的的旅游产品

医疗体检旅游就是把健康体检融入旅游产品，在给予客人休闲旅游体验的同时，加入对身体的健康检查，让游客在休闲中多了一份实在的健康增值服务。针对前来体检的游客，医疗体检机构会进行非常细致、全面的检查或某项专科疾病的检查，这在疾病的预防和早期诊断方面会起到关键作用。

健康体检有一套完整的操作流程。首先，根据体检者的年龄、性别、国籍、种族、既往的健康情况、个人要求和期望价格设计体检套餐，提前设计好体检套餐和体检流程；其次，由专门的工作人员陪同，逐步进行专科检查和诊治；最后，按照不同国家及地区的要求制定体检报告的制式，尽可能按照体检人员所属国家和地区常用的诊断名称下结论，提出详尽的治疗和防护建议。需要注意的是，要提前规划好检查项目和检查的地理位置，注意保护游客隐私和筑牢卫生安全屏障。

目前，世界上许多国家都应势推出医疗体检游，如日本、新加坡、古巴、德国等。日本大阪圣授会预防医疗中心致力于早期癌症及心血管、脑血管等重大疾病的检查。新加坡针对普通游客推出的医疗观光主要以"体检+观光"为主，对游客来说，在新加坡进行全面的体检非常方便，而且可以很快地获得结果，由医生亲自为游客讲解体检结果，并交代需要注意的事项。同时在价格方面，它并不像一般人想象的那么昂贵。

目前国内体检水平已逐渐与国际接轨，同时国内专业体检机构相对低廉的医疗费用，以及周到、细致的服务，吸引着国内外游客前来体检。2008年奥运期间，众多境外游客除来北京观看奥运会赛事外，还纷纷到北京的医疗机构接受体检。

(二)以疾病治疗为主的旅游产品

以疾病治疗为主的旅游是医疗旅游发展的起源,也是极具发展潜力的一种形式。毋庸置疑,此种旅游产品主要针对那些有急、慢性疾病,尤其是有疑难病症的游客,缓解或治疗疾病是其出行的最重要的目的。

目前疾病治疗是国际医疗旅游各国都有的常规性的一种产品形式。瑞士拥有人工关节置换术、心血管手术、眼科手术等世界领先的医疗服务。韩国在眼科、癌症治疗和肝脏移植方面拥有先进的医疗技术。印度拥有心脏、神经和矫形手术等高端的医疗项目。泰国除能做心血管病手术(如心脏搭桥手术、气囊血管扩张术和心血管支架植入手术)等一般手术外,其在高端外科手术(如干细胞植入手术)方面亦已取得重大的进展。约旦的医疗技术和设施处于阿拉伯国家的前列,能进行心脏手术、肾移植等高难度的手术。

2010年上海市医疗旅游产品开发和推广平台建立,中国正式迈出进军国际医疗旅游的步伐。它整合了上海的医疗旅游服务项目,包括心脏搭桥手术、质子刀治疗、伽玛刀治疗、干细胞治疗、骨科等手术治疗,试图打开国际医疗旅游的大门。但从运营的效果看,海外患者对中国医疗旅游的兴趣点却与平台事先的预期有些差别,那些在国外无法开展的治疗,似乎更受欢迎。无论如何,这是上海第一次正式向海外患者推广专业的医疗旅游服务,也是中国第一次出现完整的医疗旅游专业产业。

(三)特殊目的的医疗旅游产品

特殊目的的医疗旅游产品,指的不是身体健康必需的,而是为了提升自身形象或获得自我满足,人们选择一些特定医疗行为,以旅游的形式出现的一种类型,并形成特有专业医疗,提供专业及较低费用的专科旅游服务。例如,不少中国人自己办理旅游签证到国外接受面部拉皮、身材重塑、鼻子再造等整形手术。美容整形是近年来医疗旅游产品发展迅速并已成规模化的一个项目,很多国家都积极参与其中,如韩国、日本、德国、巴西、哥斯达黎加等。

三、以康体疗养为主的旅游产品

康体疗养型旅游产品,又有学者称其为保健旅游。也有部分学者将保健旅游和医疗旅游混为一谈,认为医疗保健旅游是指人们因定居地的医疗服务太昂贵,或者不太完善,到国外寻求比较便宜的保健服务,并与休闲旅游相结合发展成的一种新产业。但实际上应该将医疗旅游和保健旅游分开来阐述,两者各自具有不同的特点。前者是以治疗疾病、强身健体为目的,后者主要是以保健为目的,两者虽有重叠,但并非一体。这里以康体疗养型来总括本旅游产品的形式。

康体疗养型旅游，是将旅游和治病、疗养结合起来的一种旅游形式。游客可以根据自己的身体和病情、医生的建议，借助特定的天然资源，选择合适的游览区，在旅游的同时进行康体疗养或治病。世界许多游览胜地都利用当地特有的条件开展特色医疗，如日光浴、矿泉浴、森林浴、沙疗、泥疗、隧道疗养等。一些国家将沙子、阳光、地下矿泉水、硫黄甚至干燥的气候等作为保健旅游的资本，这些资源成本低、收益高。埃及就属于这方面的典型。

埃及的医疗旅游由来已久，埃及目前在红海沿岸建立了多个医疗中心。利用红海天然的医疗资源，埃及开发了很多医疗项目，如沙中治疗和黑沙治疗等。埃及的大部分土都是沙漠，因此在埃及流传着一种治疗方法，就是将患者埋于沙中，可以治疗风湿病。另外，据统计，埃及有多处温泉，这些温泉含有丰富的矿物质，有利于治疗多种疾病。例如，硫黄泉中的沙土和黏泥所含的化学成分适合治疗如骨骼、消化系统、呼吸系统等的疾病。

德国的隧道疗法也是比较典型的一种天然疗法。弃用的矿山或洞穴为缓解和治愈哮喘疾病提供了优质的条件，较低的温度和较高的空气湿度使得呼吸更加舒畅，再加上运用纯洁的、原生态的空气，咳嗽、咳痰和呼吸困难等症状得到缓解，患者对药物的依赖也会明显减弱。

在我国也不乏这种天然资源。早在 20 世纪 90 年代初，阳朔龙门村居民就自主开发了龙门水岩泥疗项目，迎接了大量的客人，深受广大游客的欢迎。中医认为，脾属土，自然界的泥土敷于人体，皆与人体的脾"同气相召"，凡因脾引起的疾病，用泥疗疗效明显。每到夏天，不少游客专程来阳朔将含有对人体有益的泥抹于身体之上，或者将整个身子浸于泥浆之中，以达到治疗和缓解症状的效果。

任务思考

不同类型的医疗旅游产品的设计开发实践是如何开展的？

任务三

医疗旅游的开发与管理

任务目标

1. 理解并掌握医疗旅游开发的要点。
2. 能够做好医疗旅游服务与管理。

任务分析

本任务是该项目下的第三个任务,学习开发医疗旅游产品过程中应该关注的要点及服务管理工作。

任务操作

一、医疗旅游的开发

(一)可靠的优质医疗服务

优质的医疗服务包括好的专科医院、受过良好训练的医生和国际认可的先进医疗技术。一方面,医院要有一定的规模、技术、服务能力及公信力。在新加坡、印度、泰国,医疗涉外服务是由大量民营医疗机构承担的,其提供的专科医疗服务并不逊色于欧美的一些大医院。另一方面,拥有大批高素质的人才。印度的大医院里至少有60%的医生都有国际认证,并且经验丰富。

(二)完善的配套服务

参与医疗旅游的游客不是过去意义上的普通游客,他们本身也是病人,具有双重身份,想要让他们既"游"又"医",身心愉悦,完善的配套服务是一个必不可少的条件。这需要医疗机构和医疗旅游组织机构注重提高自身的配套服务,并且服务标准是全方位的且富有人性化的。例如,亚洲的一些医疗旅游机构不但为游客量身定制专门的治疗方案、选择合适的权威医生、预订酒店、办理签证、安排特色旅游,还聘请秘书、专门厨师等为其服务。

从客人到达开始,接机、安排食宿、就医、游览、医疗保险、结算、康复、治疗后跟踪服务等琐碎的工作都要衔接好,在语言和生活服务等方面,都要符合国际患者的习惯,让游客有宾至如归的感觉。这是旅游产品服务的一个重要特点,同样适用于医疗旅游。只是医疗旅游可能对这一点要求更高,因为游客要在旅游中享受医疗带来身体的改变,对健康的关注使他们更苛求和谨慎,优质的配套服务能缓解他们一部分的紧张和不安。

语言是国际医疗旅游的游客面临的最大障碍。语言的无障碍是游客最先体验到的第一印象,最好是从业者能直接与游客对话,而不是通过翻译,增加医疗旅游者对医护人员的信任度及安全感,同时使游客能开诚布公地讲与自己身体相关的内容。印度医疗旅游发展较快,语言的无障碍也是其中的重要原因。

(三)优化的就医环境

医疗旅游是把旅游和医疗保健结合在一起的旅游活动,准确地划分仍属于旅游的范畴。寓旅游于医疗,寓医疗于旅游,在放松、休闲、人性化的氛围中享受医疗的照护是医疗旅游的一个基本要求。这就对就医环境提出一个较高的要求——尽可能地让游客感觉是在度假而不是在治疗。

新加坡医院,无论是公立还是私立,医疗环境都是不得不提的一大亮点。例如,置身于绿林中的新加坡国立医院,开放式的就医咨询台,橙色的墙壁,可爱的壁画,雅致的咖啡厅,别致的室外藤椅,置身其中,仿佛在一座开放式的公寓中,"医院"二字便消失在脑海。在新加坡莱佛士医院的一个私人病房中,木制暖色调的装修风格创造了一个较为宁静幽雅的室内环境。值得一提的是,通常在普通病房里见到的氧气瓶和必备的医疗设备,在这里并没有出现,它们被藏在了壁柜中。据相关医疗人士介绍,这是为了尽可能地减少人们本能上对"医院"的恐惧。

(四)完善的医疗保险支付机制

缺乏成熟的第三方支付医疗旅游的费用,是目前制约医疗旅游发展的一个重要因素。在发达国家,企业为职工缴纳的保险费用较高,保险机构也面临着保险赔付金额增加的压力。在共同利益的引导下,企业与保险机构合作推出了医疗服务外包,即鼓励员工到医疗费用低廉的国家就医,这是企业和保险机构共赢的举措。但在国家层面上,很少把医疗旅游纳入国家医疗体系范围。如果客源国政府将医疗旅游纳入社会医疗保险中,扩大医疗保险的外延,将其延伸到国外医疗市场上,对本行业的促进作用将是难以估量的。同时,医疗旅游毕竟是事关生命和健康的大事,完善的商业医疗健康保险也是不可缺少的。这不仅需要本国保险公司的积极参与,更需要国内外保险公司的通力合作,打消医疗旅游者的后顾之忧。

(五)医疗旅游服务机构的积极参与

医疗旅游快速稳健的发展,与相关医疗旅游服务机构的推动是密不可分的。医疗旅游服务机构不是旅行社,更不是医院,它是一个联系旅游和医疗业务的第三方管理机构,或者更通俗地说是医疗旅游中介机构。医疗旅游服务机构是沟通医疗旅游需求者和提供者的重要媒介,能够为需求者提供丰富而准确的医疗旅游信息,为医疗旅游提供者介绍客源。从专业的角度来看,不但要为医生和医疗旅游者牵线搭桥,而且要为其寻找合适的医院,安排手术日程,订购机票、旅馆,甚至安排康复前后的旅游等事项。更为重要的是,医疗旅游服务机构还要发挥各种宣传媒介的作用,加大宣传力度,扩大医疗旅游的影响力和知名度,进而吸引更多的医疗旅游者,让潜在的医疗旅游者相信,国际医疗旅游不但费用低廉，且医疗服务上乘，还可让游客享受治疗前的异国旅游情趣。

（六）政府的大力支持

一个产业的发展只有得到政府的支持才会发展良好。政府应多采取鼓励措施，加大政策支持配套的基础设施建设和旅游公共服务体系建设，并积极出台有关优惠政策，加强对社会资金的利用，支持和促进医疗旅游基础设施项目的内外资引进与开发建设，为医疗入境旅游的发展提供一个稳定的发展环境。在亚洲很多国家的政府已经意识到医疗旅游服务的重要性，并采取各种措施促进本国的医疗旅游服务。印度政府发出倡议，鼓励向医疗服务领域投资，宣布本国医疗机构接待国外游客合法，对参与医疗旅游服务出口的医院实行税收减免，并放宽医疗旅游签证的签发。新加坡成立由多个机构联合组建的新加坡国际医疗，目标是将新加坡发展为亚洲最大的国际医疗旅游目的地。

对于客源国，政府应采取更多的鼓励措施。例如，根据实际情况适当放宽对外国游客特别是病人的出入境限制。我国海南省为发展旅游已实行开放、便利的出入境管理措施，在本省已有 21 国免签证的基础上，增加芬兰、丹麦、挪威、乌克兰、哈萨克斯坦 5 国为入境免签证国家；对俄罗斯、韩国、德国三国旅游团组团人数放宽至 2 人以上（含 2 人），入境停留时间延长至 21 天。

二、医疗旅游服务与管理

（一）建设富有本国或本地区资源特色的医疗旅游产品体系

1. 有效整合资源，开发系列特色的医疗旅游产品

不同国家有各自突出的优势资源，整合这些资源，推出专项系列医疗旅游产品，既符合游客的需求，也是旅游市场发展的内在需求。目前，如何整合医疗资源，在竞争激烈的医疗旅游市场中脱颖而出，是我国旅游行业必须高度关注的问题。细分整理国内优势的医疗旅游资源，研究医疗旅游的客源市场，确定好自己的目标市场，开发适合我国国情和满足市场需求的医疗旅游产品，是医疗旅游管理首先要做到的事。

2. 培育一批医疗旅游骨干企业和知名品牌

要在激烈的市场竞争中不断扩大市场占有率，必须要有旅游骨干企业和知名品牌。品牌是诚信的载体，企业或旅游目的地通过品牌对游客做出质量、服务、价值等多方面的承诺，旅客通过对品牌的选择寻求自身利益的最大保证。因此，在发展医疗旅游时，应增强品牌商标意识，从旅游产品开发、旅游服务功能提升、团队与社会功能建设三个方面构建品牌发展的核心竞争力。一方面要进行参与的医疗元素的品牌建设，这包括专业的医院品

牌和资源品牌建设，这是能否吸引国际游客的前提保证。另一方面，是医疗旅游服务机构的品牌建设。目前，国内旅游界大家公认的品牌有中国国际旅行社、中国青年旅行社等，但是专营的医疗旅游服务机构却很缺乏，更谈不上品牌建设。快速发展医疗旅游的重任，要么由国内现有的品牌公司承担，要么由异军突起的新兴旅游企业承担。通过对服务品牌的建设，使旅游服务设施、经营管理和服务水平与国际通行的医疗旅游服务标准全面接轨，旅游产业的规模、质量、效益达到国际先进水平，提高我国医疗旅游的国际知名度和美誉度。

（二）加强医疗旅游专业人才的教育和培养

医疗旅游实际上涉及两个方面：一是医疗服务，二是旅游服务。我国要大力推广这个行业，最关键的是人才。要求人才是复合型的，一方面需要有医学行业的知识，另一方面要有旅游行业和国际服务贸易等方面的知识。目前，我国既懂医学又懂旅游的医疗旅游类人才非常缺乏，制约了此类旅游产品的有效开发。如何做到将旅游和医疗保健有机结合，并将其应用于人才培养领域，是一个值得深入研究的课题。

（三）引导医疗供应方进行国际认证，拓展海外医疗旅游市场

要打好医疗旅游牌，需要高质量、强有力的医疗保健保障。这实际上是医疗从业者的品牌建设，包含医疗服务固有的技术含量、服务质量和价格三大元素，也包括专家知名度、专科特色、高精尖仪器及技术水平等形成的无形资产。医疗供应方只有通过国际认证，建立国际信息认证网络，才能确保国际营销服务的成功。

国内医院缺乏发展医疗旅游的经验，被国际权威医疗机构认证的医院很少。在全球化趋势日益明显的今天，只有取得国际医疗认证，我国医疗机构才能顺利进入国际医疗市场，才能为医疗旅游者所信任。

（四）正确处理公立医疗机构和民营医疗机构在医疗旅游发展中的地位

国外高层次医疗服务基本都由民营营利性医疗机构提供，而从当前国内政策环境而言，在中国，公立医院掌握了超过80%的医疗资源，有条件和资格开展高端的医疗旅游服务，但提供服务的比例被严格限制在全部医疗服务的10%以内。目前越来越多的学者提出，公立医疗机构开展高端服务的行为，违背了政府投资兴办公立医疗机构提供基本医疗服务的初衷，其高昂的收费价格势必降低普通人群对这些优质医疗资源的可及性。而中国部分民营医疗机构普遍规模较小、实力较差，不足以承担医疗旅游的重任。政府也希望民营医疗机构和中外合作医疗机构能够承担起高层次医疗服务，从而与公立医疗机构形成分工，满足包括医疗旅游在内的多层次的医疗服务需要。但两者关系到底如何平衡，取决于医疗旅游市场的开发和国家的政策。

（五）成立行业协会，建立以行业协会和企业为主体，政府引导、营销代理机构为补充的旅游营销体系

医疗旅游服务不是医疗事业和旅游产业的简单叠加，既需做好医疗旅游的内部协调，即旅游部门、医疗机构、交通、酒店等相关行业的相互协调，沟通在合作过程中遇到的问题和矛盾，还需要加强对外合作，要与目标客源市场的医疗旅游中介公司、医疗机构和保险公司合作。满足广大医疗旅游者不同层次的需求，为其提供系统而个性化的医疗旅游服务，这些都需要政府或政府认可的有效机构，即行业协会，来担负起监督、协调和管理的责任，做到医疗和旅游的有机结合、无缝衔接，才能使游客享受高品质的旅游医疗服务。

前面提到医疗旅游品牌的重要性，而要树立品牌，全方位的营销体系是必不可少的。这需要国家、旅游行业、企业及营销代理机构，对这一产品进行多手段、多途径的宣传推介。通过舆论宣传、旅游产品推介会、国际医疗项目、国外主流媒体等，展示中国医疗旅游产品的魅力，促使国际游客逐步认同国内的医疗旅游品牌和特色。

（六）加强法律、政策的制定，规范医疗旅游市场

医疗旅游是一种与医疗行业相关的旅游产品，其专业性、风险性较强。国内医疗旅游存在一定的弊端，应从可持续发展观念出发，对医疗旅游市场进行规范。因此，必须制订相关的发展计划和方案，完善相关的法律法规，建立行业标准和合理统一的价格体系，建立与国际通行规则相衔接的旅游服务标准体系，加强旅游行业诚信体系建设，确立医疗旅游从业人员的准入资格，建立健全旅游投诉处理机制等，以有效规范医疗旅游市场秩序。这些相关法令、法规的制定，既能保障医疗旅游者的利益，又能促进我国医疗旅游市场有序及可持续发展。

任务思考

如何做好医疗旅游的服务与管理？

项目总结

本项目的主要任务是学习医疗旅游，鼓励学生尝试进行医疗旅游的实践应用。通过本项目中三个任务的学习，学生能够对医疗旅游产品有一定的认识。

项目实践

以小组为单位，通过百度搜索及调研，完成国内医疗旅游资源的调查，并结合当地的

地域特色，完成当地医疗旅游市场定位及产品开发。

实训任务

本次实训需要完成医疗旅游资源调研（网上资料搜集与线上问卷调研相结合）及医疗旅游产品开发现状对比，完成国内医疗旅游市场定位及产品开发。

实训步骤

（1）完成课前自学，结合知识拓展及网络学习平台，储备相关知识。

（2）实训过程中可采用线上线下混合学习的方式，以小组为单位共同完成，可采用头脑风暴法进行资料的收集、整理和分析。

任务考核

项目八任务考核表见表8-1。

表8-1 项目八任务考核表

考核内容	非常优秀	优秀	良好	合格	不合格
按时完成任务情况					
搜索整理信息能力					
小组团结协作能力					
小组汇报展示能力					
小组成果创新能力					
任务考核分值建议	非常优秀（90～100分）、优秀（80～89分）、良好（70～79分）、合格（60～69分）、不合格（59分及以下）				

注：根据小组任务实施情况，结合表中考核内容完成小组任务考核评价。

项目九

养老旅游

项目导读

随着全球人口结构的变化，人口老龄化已经成为许多国家面临的一个重大问题，也是急需解决的一个重要问题。第七次全国人口普查数据显示，我国60岁及以上的老年人口已达2.64亿，占总人口的18.7%，按照国际现有的标准来看，中国已经进入中度老龄化的行列，人口老龄化的逐渐发展也给国家的发展带来了一系列的社会问题。

实际上，如今老年人口数量庞大，退休年龄相对较低，且老年群体大多有充足的自由支配资金，具有强大的购买力。老龄化人群的迅速增加，带动了老年产业的快速发展，银发旅游市场需求量不断扩大，质量要求不断提升，养老旅游在市场发展中应运而生。

思维导图

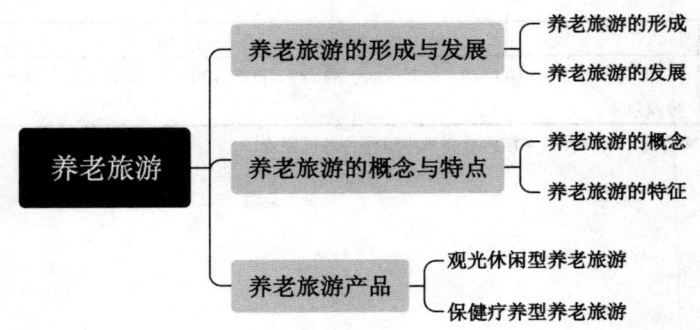

案例导入

掌门人的"养老梦工厂"

颐、乐、学、为——乌镇雅园开创了中国学院式养老先河，成为中国养老小镇产品开发的样本。

位于桐乡市乌镇镇白马墩村的乌镇雅达国际健康生态产业园，距离上海市中心2小时车程，其西北角 6 公里处则是江南山水宝地、国家 5A 级景区——乌镇。这里是长三角一个巨无霸式的养老项目，乌镇雅达国际健康生态产业园核心区占地 1 516 亩。其中绿城乌镇雅园占地 650 亩地，分为养生养老、健康医疗和休闲度假三大主题，包括颐乐学院、商业配套等均由绿城一手打理。乌镇雅园是宋氏养老首个大作，掌门人宋卫平是一个骨子里透着人文气质的中国企业家。业内认为他是理想主义在养老事业中勇往直前的代表，倾向"银发一族"的再出发，让老人有尊严地养老。宋卫平打造的无法复制的略带公益化逻辑的标杆项目，成为后来中国养老小镇复制的样本。作为国内涉水养老地产较早的房企，绿城在浙江临平的蓝庭颐养公寓是其第一个试点。

据报道，在 2010 年的一次考察中，宋卫平发现，公寓里的老人毫无精神寄托，每天吃饭、睡觉、看电视、看报纸，余生都是被消磨掉的。于是，接下来的一年时间，有了这样活生生的参考样本，绿城就开始对养老地产进行深入研究和摸索，其中包括与业主充分地沟通、访谈，整理和搜集养老地产大数据资料和国内外的参观考察，就是为了能够摸索出一种让老年人觉得老有所乐、幸福感强的生活方式。最终，这个平稳点就是老少皆宜的、充满诗情画意的校园生活，于是老年大学雏形开始显现。直至 2011 年，绿城组建学院式养老平台——绿城颐乐教育公司，运营管理颐乐学院，聘请专家教师长期授课，并且定期组织集体活动来提高和改善老人的生活品质，首创中国学院式养老先河。颐乐学院依照古代书院建筑形制布局，并根据老年人的年龄段和记忆，特意设计民国建筑风格，建筑面积约 3.5 万平方米。雅园整体分为四大板块：健康医疗、休闲度假、城市综合和雅园住宅。

颐乐学院耗资 2.5 亿元，整个学院同时能容纳 3 000 人，设有各类教室、运动馆、大礼堂、展览厅等。

为了使颐乐学院的课程更加科学、实用，公司特地与杭州师范大学合作，根据老年人的特点设置了健康养生、人文社科、艺术、休闲体育、生活五大系列 72 门课程和 85 项活动。课程设置是绿城和杭州师范大学的研究成果，旨在让老人"老有所乐、老有所学、老有所为"。记者前往颐乐学院时，有部分老人在园内吹拉弹唱，身边陪有护工或儿女子孙，氛围融洽。据悉，客户群主要集中在杭州和上海，而且这些客户群体具有一个普遍的特征——高知人群。销售人员告诉记者，这里居住的老人每个人都有机会成为教师，而前来授课的艺术家、教师往往最后都成了这里的房主。

目前投入使用的浙江雅达国际康复医院已运营近 10 年，医院除了引入德国康复医疗品牌 Medical Park 的商业模式和管理理念外，负责医院运营的团队也由德国医疗专家组成。医院总建筑面积约 7.3 万平方米，可提供 350 个床位。此外，在医保方面，本地居民可享受本地医保，但外地居民须回原地报销。作为"产品主义教父"，宋卫平不计成本地打造自己心目中理想化的产品，仅房屋的设计上就有多达 35 项适老化设计，特别是风雨连廊、无障碍设计、担架电梯、紧急求助按钮等人性化细节打造，为居家养老提供了很大的方便。

任务一
养老旅游的形成与发展

任务目标

1. 了解养老旅游的形成发展历程。
2. 正确认识养老旅游的发展趋势与前景。

任务分析

本任务为该项目的第一个任务，通过梳理养老旅游的形成与发展历程，分析养老旅游的发展前景和发展趋势，从而结合地域特色开发养老旅游产品，为后续养老旅游产品的设计开发提供基础。

任务操作

一、养老旅游的形成

在西方发达国家，早就有异地迁徙养老并且发生旅游活动的现象，美国在 20 世纪 60 年代的时候就出现过和养老旅游类似的大规模人口流动与迁移，可以说是养老旅游的雏形。

我国养老旅游业发展现状与趋势

西方国家为了满足部分中上阶层老人的养老需求，建立了环境幽雅、设施齐全的养老机构，吸引各地老人前来颐养天年。例如，美国的太阳城中心、荷兰的弗莱德利克斯堡老年人公寓等就是异地养老的典型模式。在亚洲，日本的福冈、北海道，韩国的济州岛都是老年人相对集中的迁徙目的地。佛罗里达州是美国老年人迁徙的首选之地，那里为老年人服务的设施非常完备，而且老年产业高度发达，老年人可以在这里享受丰富的物质、精神、文化生活。挪威的卑尔根、奥斯陆、贝鲁姆等市已经先后在西班牙南部开设了大型养老公寓，那里低廉的地产价格，充足的阳光，吸引着越来越多的企业和老年人。北欧其他国家的老年人到西班牙养老，看中的不仅是那里的自然环境，还有功能齐全的养老设施、良好的公共医疗卫生服务和保险服务等。在德国，集旅游观光与休闲度假于一体的"异地养老"是除居家养老、社区养老、机构养老外的第四种养老模式。在国外旅游正悄然成为重要的养老模式，异地养老、候鸟式旅游在欧洲渐成潮流。

以日本老人为主要客户群的"日本老人村""退休村"在东南亚有很多，如泰国的清迈等，有的已经成为当地的支柱型产业。老人们畏惧寒冷，多选择去热带避寒，日本老人选择到海外养老的不在少数。澳大利亚、加拿大等国家也都有他们的身影。有的人甚至把日本的房子卖掉，去海外定居，回日本主要是旅游、探亲访友。富有的老人更是在多个国家有居住地，享受度假养老的惬意生活。在东南亚和欧洲，这种候鸟式养老很流行，同一般的酒店相比，这种养老院能够提供专业的老年人护理、医疗服务，以解除老年人在旅游时的后顾之忧，所以很受老年人的欢迎。

我国的养老旅游始于20世纪80年代。随着经济的发展和人们生活水平的提高，人们有了更多外出旅游的机会，我国的旅游业得到了飞速发展。近年来，老年人对晚年生活的要求越来越高，他们对精神生活的需求也越来越丰富。异地旅游养老成了当前的时尚热点。全国带有养老性质的老年旅游在旅游市场上异军突起，并呈现持续升温的态势。越来越多的旅行社开始进入养老旅游市场，不仅出现了专门的老年旅游机构，而且出现了跨地区的专营老年旅游的联合体。

二、养老旅游的发展

随着我国人口老龄化和经济的快速发展，以及老年人对高质量养老生活的需求，适合不同需求层次的养老方式脱颖而出，旅游养老作为一种新的旅游方式和一种新的养老模式，逐渐被大众认识。

（一）人口老龄化及庞大的市场容量为养老旅游提供了客源

根据全国老龄工作委员会发布的《中国人口老龄化发展趋势预测研究报告》，中国已于1999年进入老龄社会。根据第七次全国人口普查数据，我国60岁及以上老年人口达到了2.64亿，占全国总人口的18.7%。这一数据反映了我国人口老龄化的现状，即老年人口规模庞大且在持续快速增长。我国已经成为世界上老年人口规模最大的国家，这样庞大的市场容量为养老旅游的发展提供了巨大的客源。

（二）新型家庭模式为养老旅游的发展提供了机遇

进入20世纪90年代以来，中国的家庭结构出现了较大的变化，过去四世同堂式的大家庭逐渐向两口之家、三口之家的小家庭过渡。近年来，养育第一批独生子女的父母已经陆续进入老龄阶段，随着子女成家立业，独生子女父母家庭将由核心家庭变为空巢家庭，很多子女已无力

养老旅游市场分析

独立承担老人的所有养老生活，传统的养儿防老的养老模式正面临困境，这为养老旅游的发展提供了机遇。

（三）思想观念的转变使老年人具有较强的旅游愿望

随着人们生活水平的提高，人们的思想观念也发生了转变，而老年人也日渐注重提高自身的情操、生活质量及健康水平，渴望能有一种融知识、娱乐、健康为一体的更高层次的休闲活动。养老旅游作为一种新兴的旅游方式，将养老和旅游有机地结合起来，使老年旅游者在旅游中养老，在养老中旅游，适合老年旅游者的生理和心理需要，受到老年旅游者的青睐。

（四）具备充裕的闲暇时间和较好的身体素质是良好的保障

老年人绝大多数都退休在家，闲暇时间十分充足，这使得他们在出游时间上具有很大的自由性。生活水平的提高、医疗条件的改善、老年人对身体健康的重视，都使得老年人的身体素质得以提高，使得老年人可以完成适当的旅游活动。

（五）具有一定的可支配收入是养老旅游消费的经济保证

随着我国经济的发展和社会的进步，相应的社会福利和养老保险制度在不断完善。老年消费者生活压力明显减轻，他们掌握的资金主要围绕自我消费需求进行支配，这为我国养老旅游的发展奠定了坚实的经济基础。

 **任务思考**

养老旅游的发展趋势如何？

任务二

养老旅游的概念及特点

任务目标

1. 正确理解养老旅游的概念。
2. 明确养老旅游者的基本特征。
3. 正确认识养老旅游的特点。

养老旅游　项目九

📇 任务分析

正确理解养老旅游的内涵，认识养老旅游者的特征及养老旅游的特点，以便有针对性地开发养老旅游产品，此任务是本项目的第二个学习任务，是后续学习的基础。

🖱 任务操作

一、养老旅游的概念

随着经济的发展和老龄化程度的加剧，老年旅游市场产业已成为21世纪的社会热点之一，其中养老旅游成为老年人旅游的新亮点。养老和旅游是两个完全独立的活动，养老旅游是建立在旅游的基础上的，旅游是手段，养老是目的，这一过程是在以旅游形式为支持的前提下产生的，两种情况同时发生，整合在一起不能互相分离，是融养老与旅游为一体的旅游方式。

养老旅游作为一个特殊的旅游类型，其发展时间较短，理论研究尚有不足，国内的养老旅游研究始于20世纪80年代中期，关于概念的研究还未统一，不同学者对其有着不同的看法。

梁陶认为养老旅游是指老年旅游者在连续时间不超过一年，且不以获取经济利益为目的的异地养老过程中所发生的一切现象和关系的总和。

周刚认为养老旅游是老年旅游者以异地养老形式而发生的不以工作、定居和长期移民为目的的旅行、暂居和游览活动的总称，它集度假、观光、疗养、保健等多种旅游形式于一体。

李松柏认为养老旅游是老年人为了寻求更舒适的养老环境而离开他们的常住地，到其他地方休闲、度假、养生，连续时间超过一年的活动。

芮娟认为养老旅游是出于健康、享乐、怀旧、圆梦、审美和人际等动机而离开常住地，连续时间不超过一年的在其他地方进行包括观光、度假、疗养和其他活动在内的一系列休闲旅游活动的总称。

虽然养老旅游的概念仍没有统一的定论，但是可从两个角度对养老旅游的概念进行分类：①旅游学角度。从老年人在旅游过程中涉及的旅游活动、形式、生活方式等角度来阐述养老旅游。②老年人需求角度：从老年人的偏好、动机等角度描述养老旅游。

目前大多理论研究中，另一个出现较多的概念是老年旅游。什么是老年旅游？养老旅游与老年旅游之间又有何区别？

老年旅游是指超过60岁的人口离开常住地的旅游休闲活动。其特点是在一个地方居住的时间较短，旅游活动行程安排紧凑，活动空间跨度较大，主要以游览观光、休闲为活动目的。老年旅游属于传统旅游形式的一种。

从范围上讲，养老旅游属于老年旅游的一部分；从本质上讲，养老旅游属于老年度假旅游。相对于传统的老年旅游，养老旅游具有鲜明的特点，即在异地的同一地方居住时间较长，游览观光的活动相对较少，

旅居养老：
旅游+养老新模式，
老年旅游的一座
"万亿"金矿

旅游行程安排松散，活动空间跨度较小，主要以异地短期居住、生活为主，其目的是异地养老或休闲、度假和养生。

因此，养老旅游与传统的老年旅游存在根本的区别。养老旅游是一种适合现代部分老年人生理和心理需求的新型旅游形式，是具有针对性的老年特色旅游产品。

二、养老旅游的特征

（一）市场特征

1. 需求旺盛，发展迅速

近年来，中国经济迅速发展，人们有了较好的旅游消费能力。随着人口结构的老龄化与亚健康现象的日渐普遍，以及全球整体健康理念的革命性影响，人们对健康人生的需求成为市场主流趋势和时代热点，国内老年人的旅游热情增长迅速。

2. 顾客人群地域性分布明显

国内老年游客主要分布在中国东部经济发达地区，其中京津地区、珠江三角洲地区、长江三角洲地区经济比较发达，老年人出游比例较高。

3. 企业和社会的重视程度高

不少企业针对老年市场的特点进行规范运作。

（二）养老旅游者的个人特征

① 一般特征。主要为低龄老年人，他们身体条件、学习、经济支付能力相对较好。对养老旅游者的调查结果显示：在年龄方面，60～64岁的人数最多，占总人数的39.1%；在职业方面，大多数曾为商业、金融业、服务业的从业者，占总人数的27.3%，其次为政府及事业单位人员，占总人数的22.5%；在收入方面，显示月收入在3 001～5 000元的占39%，部分老年游客的个人月收入达到1万元以上；在教育程度方面，本科以上超过半数，而大